Biblioteka
SAVREMENA PROZA

©Prosveta

Vesna Janković

ZLATNA KNJIŽICA
ČETVRTO IZDANJE

PROSVETA

LENIN PUDING OD ČOKOLADE

„Mein Gott!" vrisnula baka i pokušala da me uhvati.

A deda, koji je stao na poslednji stepenik naglo se okrenuo i ščepao me u letu; „Ništa, ništa..." kazao, „da gu poljubi deka", i cmok, cmok, cmok, cmok, cmok, cmok, spustio čitavu skalu poljubaca na moj obraz.

„Jedva čekaš priliku, da balaviš dete", kazala baka i maramicom mi obrisala obraz.

„Ništa gu nije, je l' tako, sine?" Odmahnula sam glavom.

„Ajde, kaži deki r!"

„Rrrrrrrrrrrrrrrr", kazala sam.

„Je l' vidiš, Fani, da gu nije ništa", kazao je deda.

„Ne kaže se ništa gu nije", kazala je baka.

„Nego kako se kaže?" Stao deda. Radoznalo čekao odgovor pored zatvorene kapije. Stavio ruku na kvaku.

„Ništa mu nije!" pobedonosno uzviknula baka.

„Moja Franciska Ana Fani, promenila si zemlju i veru i ime! I ne vredi!" zapretio prstom deda. „Ne kaže se mu! Nego joj! Zapamti! Joj! Ništa joj nije! Nikad nećeš naučiti padeže u srpskom jeziku!" Deda nije bio očajan zbog bakinih padeža. Spustio ruku na moju kosu.

„Loknice moja, da gu donese deda orasnice?"

„Daaaaaa", prošaputala sam, a baka ciknula: „Nikako, kvare se zubi!"

Pogledala sam baku. Baka je pogledala deku. Deka je pogledao mene.

„Ova tvoja baka, Švabica, mnogo je stroga! Komplikovana!"

„Kao padeži u srrrrpski jezik?" smejala se baka, a njeno kotrljajuće „rrrrrr" spustilo se na dekinu dušu, kao melem. Baka požurila za njim: „Veco!" kazala. Prišla, skinula trunčicu sa njegovog sakoa koju niko nije video sem nje. Popravila mu leptir-mašnu na tačkice, teget-belu, deda krenuo. Njegov štap udarao o asfalt ujednačeno: taka tak, taka tak. Taka tak, taka tak.

„Lepo je vaspitan! Ima ujednačen ritam, tri četvrtine!" tiho se, slatko i tajanstveno nasmejala baka.

„Čika Veco", viknula Lena, debela žena Joce obućara, kad je izišla iz svoje kapije. Deda zastao, okrenuo se. Sačekao Lenu. Debela Lena je kazala dedi: „Dobar dan, frau Fani". Baka se osmehnula, sasvim uzano. Lena prišla, uštinula me za obraz, kazala:

„Uh, što su te lepo obukli!"

„Grrrrrrrrrrrr", zarežala sam. Odapela „rrr" kao iz praćke, na Lenu. Debela Lena se zakikotala: „Kiii ki ki ki ki!" Baka je gledala debelu Lenu pravo u oči i govorila da ni ona nije videla da se deca štipaju za obraze, ali debela Lena nije razumela moju baku, jer je baka bila Švabica.

„Kud si pošla, Leno?" upito deda da prekine tišinu, jer je moj deda sasvim dobro razumeo šta su bakine oči kazale Leni. Preko puta „Malog Pariza", na ćošku, njen muž Joca obućar, imao radnjicu. „Idem kod Joce", raširila Lena svoja velika, mesnata usta. „Vidi šta sam mu napravila da se malo razladi", kazala Lena i podigla uvis veliki metalni čajnik braon boje. Moj deda rastegao vrat, kao lastiš, tajno se primakao da ne primeti baka, pitao: „Štaaaaaa"?

„Štaaaa?" htela sam da pitam i ja, ali nisam smela od bake, samo sam se primakla. Baka je strogo stajala na svom mestu. Jednim prstom, malim i zdepastim, debela Lena odigla poklopac čajnika. I dok je poklopac zastao, dignut, čitavu našu ulicu ispunio je miris ohlađenog pudinga od čokolade. Deda je popravio svoj žirado šešir, uvukao vrat, oblizuno se, kazao:

„Mmmmmmmmmmmm."

U trenutku kad je moj jezik bio sasvim blizu ohlađenom pudingu od čokolade, baka je kazala: „Vrlo lepo, gospođo Leno!" i, povukla me u stranu. Dedin štap se podigao u vazduh, deda je kazao: „Joca ti mnogo debeo, ne bi smela da mu kuvaš puding od čokolade", i štap je opet počeo da udara o asfalt. Ujednačeno: taka taka tak. Taka, taka, taka. Što je više odmicao, ritam se menjao: taka aka tak, pa opet: taka aka tak! Baka je viknula:

„Veco!" A Vecin štap, odmah se upristojio: taka taka tak. Udarao pristojno, tri cele četvrtinke.

„Čim se mrdne od kapije, njegov štap poludi. Zar ne? Sinkope nisu za ulicu!" kazala moja baka, otvorila našu kapiju.

„Laku noć, debela Leno!" prošaputala sam, a debela Lena, sa podignutim poklopcem svog velikog čajnika širila oko sebe divan miris ohlađenog pudinga od čokolade. Na malim stopalima nosila svoje ogromno telo i svoj slatki puding. U radnjicu muža, Joce obućara.

Miris ohlađenog pudinga ušunjao se u naše dvorište pre nego što je baka uspela da zatvori kapiju. Miris, kao miris, uvuče se u isto vreme na sto različitih mesta. I u moj nos. I kroz kapiju. I pod metalnu tablu prikucanu za zid naše kuće. Natpis naše ulice: *Garašaninova*, čitav zadrhti. Sva slova polude od slasti zbog mirisa ohlađenog pudinga od čokolade. A slovo „r" se potpuno izgubi. Toliko se opije mirisom da padne od slasti u nesvest. Naziv naše ulice, za trenutak, ostane bez slova „r". Sve dok ostala slova ne reše zajedničkim snagama da podignu pohotljivo „r" na noge, uglave ga između dva ozbiljna slova „a", školovana u inostranstvu, još pre rata, pa naziv naše ulice *Garašaninova*, opet pristojno izgleda.

„Htela si da licneš njen puding!" baka je bila ljubomorna. „Ajde, priznaj, je li?"

„Nisam ja ništa htela!" rekla sam.

„A tvoj jezik, šta je on tražio u njenom čajniku?" pitala je baka.

„Pitaj ga! Aaaaaaaaaa!" Isplazila sam baki čitav svoj jezik! Izleteo koliko je bio dugačak. „Aaaaaaaaaaa", uživao je da se pokazuje baki, pa opet „aaaaaaaa", pa još jednom „aaaaaaaa!" Mom jeziku nije bilo dosta. Igrao bi se do sutra sa bakom.

„A onaj čiča, što oštri noževe!" zapretila je baka.

Tada smo ušle u kuću. Naša kuća je imala nekoliko mračnih hodnika. Mrak je povezivao sobe.

U najvećoj, koja je gledala na baštu a izlazila na veliku terasu, sedele su moje dve tetke: Vera, starija riđokosa i Nada, mlađa crnka.

Nadina crna, sjajna raspuštena kosa padala joj po ramenima i dodirivala tirkiz svilenu haljinu. Tirkiz sandalice nije, bile su daleko. Crveno lakirani nokti, glas čist, umiljat i zvonak, kao bakin. Oči zelene, od zelenila ponekad postanu razroke, kao bakine.

„Zatvori vrata svoje sobe, da ne gledam te akrepe", kazala moja tetka Vera i tresnula vratima Nadine sobe. „Zar u toj Šumatovačkoj nemate mlađih modela?"

„Dođi ti pa poziraj, ako misliš da si zgodnija od naših modela", smejala se Nada, otvorila vrata svoje sobe i izvukla nekoliko velikih hamer papira. Po papirima se baškarili „aktovi", kako bi kazala moja majka, Leposava. Nada se divila crtežima. „Sve je to odnos svetlosti i senke", kazala.

„Ti misliš da ja nisam zgodnija od ove ovde", kazala Vera i prstom pokazala na široke kukove crteža. „Al' si bezobrazna, juu!" Obliznula svoje jarko crvene usne. Otvorila ih, sporo, lenjo i vrhom svog mokrog jezika lagano klizila po donjoj usni. Potom, njen se jezik uvlačio u mrak, kao u jedan od hodnika naše kuće i opet, sasvim iznenada jurnuo napolje i napravio čitav krug oko usana, Verin jezik umeo da se igra, bio je nepredvidljiv.

„Schau mal, die Kleine!", kazala tiho baka. Njih tri se okrenule, pogledale u mene i glasno se nasmejale.

„Lickaš, lickaš, špiciko!" kazala Nada.
„Uhvatile smo te", smejala se baka.
„Pustite moje dete, veštice!" kazala Vera i uzela me u krilo. Skidala prsten po prsten; „Evo, igraj se, znam šta voliš!" I dala mi svo prstenje sa ruku.
„Das ist genug, Verra!" opomenula je baka.
Vera spustila pregršt prstenja na pod. Spustila s prstenjem na pod i mene. „Sve su to samo kamenčići", kazala.
„Veliko bogatstvo, kad ga nemaš!" kazala Nada.
„Obično sranje", dodala Vera uz smeh.
„Bele pare, za crne dane", uzdahnula baka.
„Kad bi njen otac video da joj daješ prstenje", setila se odjednom Nada.
„Mnogo on zna šta je prstenje", slatko se nasmejala baka, „i zbog čega *to* žene nose!" Baka je nastavila da se smeje, slatko i tajanstveno. Njen smeh zarazio obe ćerke. Pao je prvo po Veri, kao nevidljivi prašak. Zakikotala se. „U pravu si, mama!" kazala. „Mnogo on zna, zbog čega!" I: ha ha ha ha, hi hi hi hi. Prašak se razleteo po sobi, popadao po Nadi. „Baš si to lepo zapazila", pohvalila je Nada moju baku i: ha ha ha ha, hi hi hi hi. Uživale su baka i njene kćeri.
„Prava si čarobnica, mama!" kazala Nada.
„Prava si veštica, mama", kazala Vera.
„Smejte se, deco moja", učila ih baka, „ali ne u ritmu sinkope, to nije pristojno, nego čisto, od srca, ujednačeno, takav smeh leči!" Smeh je, kao dim, izlazio kroz zatvorene prozore, pušio se, toliko ga bilo.
„Mogu da zamislim kako taj ume da uživa u ženi", vriskala je moja tetka Nada.

„Kako taj ne ume... drn drn drn..." dodala je, umirući od smeha Vera.

„Ne zamišljaj više, ne naglas, molim te, Veraaaa!" molila je Nada, „već vidim šta si zamislila!"

„Dosta!" naredila je baka, „Dosta, Vera! Genug!"

„Znaš li, mama, šta bi ona nama ispričala", brisala je suze Nada. „Znam!" kratko rekla baka i podigla lonac sa vrelom vodom sa šporeta. Vodu je sipala u vanglu. Na stolu je čekala gomila prljavih sudova.

Ja sam se igrala na podu. Prstenje svetlucalo: crveni sjaj, zeleni sjaj, tirkizni sjaj. Mnogo sjaja.

„Za njega su sve žene kurve!" kazala baka. „Samo njegova majka nije", dodala Vera, „jebo mu pas mater!"

Baka i Nada se nisu smejale. Vrata se otvorila. Ušao je moj otac.

„Dobro veče", kazao, šaka mu ostala na kvaki. Nada je nestala. Vrata njene sobe se zatvorila.

„Kako ste ušli?" pitala je baka a nasapunjani tanjir zaustavio se iznad vangle s toplom vodom.

„Zašto niste zvonili... ili kucali?" pitala je Vera. „Kad se ulazi u tuđu kuću, to je red!"

Vera ustade iz kožne fotelje u kojoj je dotad sedela. Ponjavica koju je baka stavila na sedište, pomerila se. Iz poderane, braon kože, nasred sedišta, radoznalo je izvirio čuperak tamne, morske trave.

Moj otac je stajao u vratima. Vera je stajala ispred mog oca. Baka je stajala pored stola. Nasapunjani tanjir je stao iznad tople vode. Para je zastala u vazduhu. Prstenje, po podu, zaustavilo sjaj. Sve je stalo. Dugo je stajalo. Jako dugo, a samo nekoliko stvarnih trenutaka. Bila strašna tišina. A govorili su svašta jedno drugom. I pokret zavese pravio larmu. Zujanje muve bilo bučno. Muva je uporno pravila krugove: zzzzzzzzzzzz. Pa opet: bzzzzzzz. Pa opet: bzzzzz. Pa opet: bzzzzzzzzzzz. Ljudi stajali: a nešto, kao muva, bzzz, kružilo među njima. To je osetio tanjir i sakrio se: buć i nestao u vodi. Zatim moja tetka Vera: treees! Zalupila vrata za sobom. Pa zid: traaas, popadao oko rama od vrata. Zatim muva: bz! Našla se zgnječena u bakinoj šaci.

Otac je seo u kožnu fotelju. Baka uzdahnula i kazala: „Otišla je na fakultet, danas polaže ispit." Otac je nestao. Na kožnoj fotelji gde je dotad sedeo, rupa se prvi put, otkad zna za sebe, veselo rascvetala. Morska trava, kao utroba, izvirila, udahnula vazduh, iz svoje pocepane, braon kože. Nada provirila kroz odškrinuta vrata: „Nisam čula da ti je poželeo laku noć!" kazala.

„To za njega..." zatim je zastala, popravila se, „za gospodina doktora nema nikakvog značaja, on je iznad svega!" baka je zatim obrisala ruke, poređala sudove u kredenac.

„Hajde da zaključamo vrata, mucili!" kazala i pošla kroz mračne hodnike.

Dok smo zaključavale glavna vrata, Vera je izvirila iz svoje sobe, besno zaškripala: „Mamicu bi ja njemu milu!" Baka je tiho kazala:

„Sprich nicht for dem Kind!"

Vera ućutala. Pomilovala me po kosi.

Mrak hodnika me povukao za kosu, tako jako. „Jaoooo", kazala sam, „jaooo, majmune!" Kikotao se, ismejavao me, začikavao. Nisam mu ništa mogla, ni da ga ugrizem. Bio je mračan, neopipljiv, ulazio u svaku šupljinu, bez kucanja kao moj otac, bez najave, bez dopuštenja, bio ispred mene, iza, u, na, ulazio mi u nozdrve, u oči, u uši, udisala sam ga, dodirivala. Jedino su bakine oči svetlucale zelenim sjajem. Baka je okrenula crni prekidač od bakelita i: cak! Svetlost je bljesnula:

„Ne dam te mraku!" kazala.

Kad moja majka nije bila kod kuće, uvlačila sam se u bakin krevet, tamnocrvene boje, od trešnjinog drveta. Beo čaršav obrubljen čipkom, uštirkan, perjani jastuk takođe obrubljen čipkom, u donjem uglu dva sanjiva, nežna slova: *F. Sch.* „Bakin monogram", tako mi objasnila majka. „Kad je bila mlada, baka se zvala Franciska. Franciska Šlenker. A kad se udala za dedu, promenili joj ime..."

„Kad ti promene ime, onda si neko drugi", kazala sam, ali mi moja majka, Leposava, ništa nije odgovorila. „Ta ne zna ni kako se zove!" možda bi kazala moja baka, za moju majku, svoju najstariju ćerku. Ja sam tražila odgovor, i dalje: „Franciska", šaputala, „gde si, Franciska?" A neki glasić, iz velike dubine, pokušavao da dopre do mene, „haloooo, haloo", šaputao, mnogo mi ličio na mladu Francisku.

Kad bih stavila glavu na slova *F. Sch.*, kad bi se ugasila mala noćna lampa iznad bakinog kreveta, kad bi se podigla perina kao zavesa u pozorištu, kad bi baka ušla u krevet kao na scenu: počinjala je predstava. Naš krevet bio je pozornica. A moja baka, čarobnica, igrala mnoge uloge, menjala „lako žanrove", kako je objašnjavala moja majka, „umela da oseti svaku iluziju kao da je stvarnost i da od stvarnosti začas napravi iluziju". Zatvorim oči a bakin glas, vodič, uhvati me za ruku pa me povede u „san koji živiš samo ako veruješ u njega", tiho, iskusno, objašnjavajući naš put.

Znala sam sve bakine uloge napamet. „Uloge, mucili?" „Da, uloge. Iz bajke, ili ...?" „Iz bajke, da, ako je moj život bajka!" smejala se moja baka. Da sam razumela šta je htela da kaže, možda bih se silno uplašila. Ali nisam, umela je lepo da kaže. „Hoću da naučim razne uloge", kazala sam. „Hoćeš, ako budeš hrabra", kazala baka i pošle smo: u osvetljenu ulicu, zavejanu, na Badnje veče. Dok su škripale tople čizme bogataša, po snegu, mala sirotica, prodavačica žigica vikala: „Kupite moje žigice, pomozite da zaradim cipele!" Kad su bogataši otišli kućama, kad je devojčicin glas razneo ledeni vetar, kad su se svetlosti pogasile, male se, bose noge, zamrzle u snegu. Baka plače, ja plačem. Baka kaže: „Kad je bila glad u Nemačkoj, kad nismo imali šta da jedemo, mene je otac poslao da zaradim, kod mađarske grofice..." „Jesi bila bosa?" pitam. „Skoro", kaže. I započinje drugu priču: Genovevu, gorsku vilu. Kako se hrabro borila sama, u šumi, s divljim zverima. „Jesi još kod mađarske grofice u službi?" pitam. „Jesam", kaže i priča dalje.

Zatim dolazi na red naša najomiljenija priča: Schneewitthen. „Više nisi kod grofice?" opet pitam. Ometam priču. „Nisam", kaže, „sad putujem za Suboticu, tamo ću da sretnem Vecu" i, nastavlja, Snežanu. Najtužniji deo priče, kad patuljci stavljaju Snežanu u stakleni kovčeg, a šumske životinjice liju suze i pletu vence od cveća, baka je pričala pevajući, veselo. „Tu si se upoznala s dekom, na ovom mestu", opet prekidam priču. „Aha!" kaže. „U tom trenutku vrteška se okrenula!" „Kakva vrteška, kad je Snežana u kovčegu?" pitam zbunjeno, po ko zna koji put pitam, a znam napamet. „Kovčeg ili vrteška", slatko se smejala baka, „to je svejedno, ako imaš snage da osetiš obrt, život može da postane bajka."

Na tom mestu, kad se život pretvori u bajku, publiku je hvatao san. Dremuckala publika, zamišljala Vecu na konju kako jaše šumom. Princ je obično dolazio kad je publika već spavala. Poljubio bi baku. Baka ustajala iz kreveta, ogrtala šlafrok i princu kuvala kafu. Sve se dešavalo u tišini, bez velike svetlosti da se zaspala publika ne probudi, da ne traži još jednu priču. Ujutru, čim otvorim oči i vidim ruže u vazi, pitam baku: „Odakle ove ruže?" Baka se smejala: „Zar ne znaš? Doneo princ, kad se vratio iz 'Moskve'." I ruže se smejale. Bilo im čudno, odakle princ u „Moskvi"!

„Cveće voli kod princeze", kazala sam. „Ali ostali... retko ko voli princeze!" Baka uzdahnula. „Tako je, mucili!" kazala. U krevetu je sve moguće. Ako imaš partnera, naravno. Kao na pozornici. „Između uloge koju glumac igra i njega samog, granica ne postoji", čitala mi moja majka, Leposava. Deda joj ponekad kazao u šali: „E, Leposava, Leposava, iluzijo moja najveća, zašto li sam samo tako duboko verovao u tebe! Retko se varam, al' kad se prevarim nema veće budale od mene." Kad bismo legle u krevet nas dve, moja majka i ja, lampa se nije gasila. Majka ostavljala da svetli veliki luster. Nije pričala priče, nije igrala uloge, nije bila glumica. Iako je bila veoma učena, umela je da čita samo ono, što su drugi napisali.

Jednu knjigu *Pale sam na svetu*, tražila sam da mi čita svake večeri. Mislila sam, ipak će doći do sadržaja, posle toliko čitanja. Kad je pročitala knjigu, moja majka uzdahnula: „Jadni Pale", kazala. „Kako je strašno kad nemaš majku i kad si potpuno sam." Ustala iz kreveta, ugasila luster, okrenula mi leđa i odmah: hrrrrrrrrrk. Zahrkala.

Ništa nije znala. Ni ko je taj Pale iz priče što ima majku: Pale sam na svetu. Ni kakav je, ni šta ga muči. Ni šta ga boli. Nije znala šta sve vidi taj mali Pale. Ni koliko mnogo ima takvih Paleta. Čak i sasvim blizu, pored nje, u krevetu.

Nije znala kako je strašno biti sam, kad imaš majku.

Verovala je u svaku priču. U svaku bajku. U sve reči.

Samo u život nije, kao da je život nešto drugo.

EVA

U velikoj crnoj trpezariji, čiji su prozori, ukupno četiri, gledali na Garašaninovu, zajedno na kauču, spavale smo majka i ja. U trpezariji je bilo mračno i tiho, nameštaj je tako zahtevao. Kad bi vetar pomerio zavese, bivalo je vedrije, svetlije. Često su zavese bežale kroz otvorene prozore, samo da ne trpe crnu tišinu. Svaki povetarac im je pomagao u bekstvu, bio mlad, razumeo ih.

Majčin veliki, polukoncertni klavir, ponašao se kao car, zauzimao najviše mesta. Ja sam bežala pod klavir čim bih čula škripu gvozdenih točkića po asfaltu, znala sam: čiča otvara kapiju, viri, ulazi, zatvara kapiju, viče:

„Krpim lonce, šerpenje", a moja majka dodavala: „Sečem uši, noseve", i smejala se. Njen smeh, uz čičinu dreku, pravio je veliku larmu. Strašno su me plašili, psovala sam čiču i moju majku da niko ne čuje i bežala u najtajniji ugao ispod klavira.

Eva je ulazila za mnom. I nju je zasmejavao tuđ strah, nagnula bi se preko otvorenog prozora, gledala na ulicu, kazala: „Otišal je, slobodno iziđite!"

Evi ja nisam verovala. Kad se sagla pod klavir da mi ponovi šta je već kazala, njena dva lukava, vodnjikava oka su se kikotala: „Kiiii ki ki ki ki". „Šta se kikoćeš?" upitala sam. I dodala, da ne čuje: „Budalo glupa."

„Zašto se plašiš, tu ti je mama, ona te čuva!" kazala mi Eva, klekla pod klavir i uživala u mom strahu. Čudan miris raširio se oko tankih, lepo oblikovanih klavirskih nogu, bela magla, pihtijasta, zaustavila iznad tepiha. Zavrtelo mi se u glavi od tog mirisa.

„Hajde, iziđi", kazala je Eva.

„Neću, ostavi me na miru!" viknula sam.

Eva se povukla, povukao se i miris.

„Ja nemam majku" kazala sam.

„Kako, nemaš?" cerekala se Eva. „Ko te, onda, rodio?"

„Rodio me Boro", kazala sam.

„Ki ki ki kiiii", cerekala se Eva, „šta kažeš? Ki ki ki ki ki", brisala prašinu po klaviru.

„Šta je toliko smešno, Eva?" strogo je pitala baka i ušla u trpezariju.

„Mala opet izmišlja, ki ki ki ki ki!" kazala Eva, pritisnula krpom o crnu površinu klavira da pokaže baki kako njena krpa guta prašinu.

„I krpa je ponekad sita, Eva! I ona ima dušu! Trebalo bi je istresti! Nema takve ale koja može samo da guta!" kazala baka, ali se brzo predomislila „Ima!" dodala. Sagla se, uhvatila me za ruku i izvukla: „Izlazi! Kukavico! Hoćeš ceo dan da provedeš pod klavirom!"

„Ova budala mi se smeje", pravdala sam se baki.

„Mora da si se poveravala, čim ti se smeje!"

„Jesam, kazala sam ko me rodio!" šaputala sam baki.

„Ma nemoj! Meni to nisi kazala!" primakla mi se baka, gledala me pravo u oči. „Ko te rodio?"

„Boro!" kazala sam.

„Boro? Ko je to?" začuđeno se ukipila baka.

„Ne znam, nemoj da me gnjaviš! Jednom sam ga sanjala, posle sam ga srela na ulici, pa me rodio!"

„U kojoj ulici si ga srela, mucili?" lukavo mi se primicala baka.

„Ne sećam se, bilo je to veoma davno!" kazala sam.

„Davno unapred ili davno unazad?" pitala baka više sebe no mene. „Šta se s njim, zatim desilo?" navaljivala baka.

„Umro je!" kazala sam.

„Ju!" pokrila baka rukom usta.

„A ja sam strašno plakala... mnogo sam plakala", kazala sam. Ne, to nisam kazala ja. To je kazao neko drugi, iz mene.

Baka me strogo pogledala. Prepoznala glumca.

„Pokaži svojoj baki, kako si plakala! Silom? Je li?"

Silom, priznala sam. Nisam umela da plačem. Nisam umela ni suzu da pustim. Svi su me u kući zezali: i moje dve tetke Nada i Vera, i moja majka Leposava i moj deda Veca. Naborali bi svoje noseve, neko mali, neko veliki, šmrkali bi, mrštili se i imitirali me: „Rrrrrr, grrrr, silom, silom plačem! Silom!"

Tako sam ja plakala, kad mi se plakalo.

„Zašto lažeš svoju baku", pitala baka, „zar smo se tako dogovorile?"

„Šta mi možeš!" Ujela sam baku. „I šta fali, ako plačem silom?" pitala. Baka se smejala, razveselila se.

„Ništa ne fali", kazala, „ali, suze ili smeh, zar to nije isto!", baka postavila ozbiljan problem. „Ako te je rodio Boro, zašto nisi naučila da se smeješ?"

„Hi hi hi hi hi hi hi ho", pa zatim: „Ho ho ho ho ho ho ho ho", počela sam da se smejem, baka nije mogla da veruje.

„Naučila sam mnogo kasnije, jesi zadovoljna!"

„Veoma" kazala moja baka, čarobnica i izišla iz trpezarije.

Eva je pevušila svoje rusinske pesmice. Dok je brisala prašinu, njene suknje bele kao golubovi, mazile joj se oko nogu, vrckale, uvijale. Crne filcane patikice, potpuno iste kao patike koje je baka šila mojim lutkama, dizale se u vazduh, čas jedna, čas druga. Nestašne crne filcane patikice. Eva je prevlačila krpom preko neravnina crnog nameštaja. Uvlačila ruku u crnu rupu. Izvlačila. Opet uvlačila. Igrala se. Rupa disala, stenjala, sužavala se, širila. Evu zabavljala ta igra sa crnom rupom našeg kredenca, igrala se, igrala, sve dok crna rupa nije zastenjala i izbacila iz sebe Evinu ruku.

S jedne strane crne rupe stajala je „karijatida" kako je govorila moja maja, s druge strane još jedna, bliznakinja. Eva je doticala stopala crnih bliznakinja, krpom ulazila u drvene nabore njihovih sukanja koje su se završavale pod pupkom. „Pupkom za biser", kazao jednom moj deda i namignuo mi.

Kad bi došla do golih grudi, Eva bi ostavljala krpu, malo se odmakla, svoje dve dojke stavljala u male šake kratkih prstiju, merila njihovu težinu, primicala se drvenim statuama crnog kredenca i isto to činila sa golim, crnim, drvenim grudima. Zatim je nastavljala da pevuši, zadovoljna, grudi crnih „karijatida" nisu bile veće od njenih. Naprotiv.

U samom centru crne rupe, u drvenoj vazi rukom izrezbarenoj, koju je deda doneo iz Carigrada, stajalo nekoliko svežih cvetova artičoke. Nada ih donela s mora, a moja majka objasnila: „Sinaras scolimus!", tako objasnila, da je svi razumemo. „Poklonio joj sigurno neki bednik, nije imao pare ni za šta bolje!" dodala. Uvek se trudila da ispadne što otmenija, pametnija. „Cvetovi malo podsećaju na suncokret, ali su lepši. Kad se otvore, moljci ima da uđu u njih!"

Cvetovi artičoke su imali okrugle glavice, pokrivene beličasto-zelenim ljuspicama, zelene listove, koje je Eva doticala i podvriskivala:

„Kako su glatki odozgo a dlakavi odozdo!" Cerekala se. Nije mi bilo jasno zašto se smejala, tako iznenada i bez razloga.

Evine filcane patikice, kao kod mojih lutaka, cupkale su oko trpezarijskog stola, oko svih šest stolica, zatim su došle do klavira i tu stale. Eva je brisala prašinu s biste mog dede. I opet se cerekala.

„Ta devojčura nema poštovanja ni za šta!" govorila moja majka, „prošlog puta je u usta tatine biste gurnula cigaretu, zapalila bi, da ja nisam ušla!" zgranjavala se moja majka.

Eva se opet igrala sa dedinom bistom. Eva se, uopšte, divno igrala u našoj crnoj trpezariji. Privukla sam joj se bliže. Plave dlačice po Evinim stubastim nogama, mnogo debljim od nogu klavira, nakostrešile se. Onaj miris, od malopre, ne više tako gust, opet se osećao. Gurnula sam glavu pod Evine suknje. Nešto me tresnulo natrag, sasvim do zida. Prišla sam opet: treeees! Ista me sila bacila o zid pod klavirom. Miris, što je dolazio između Evinih nogu, jačinom vetra, prilepio me o zid, Eva nije imala gaćice, a beličasto zelenkasta artičoka, zatvorena, kao ona u turskoj vazi, smeškala se među Evinim nogama.

„Zašto ne nosiš gaće, Eva?" pitala sam, izvlačeći se ispod klavira. Popela se na crni kredenac i pomirisala cvet iz drvene vaze. „Ovo sasvim drugačije miriše", kazala sam.

Eva se nije obazirala na mene. Prišla je crnom kredencu, spustila krpu od prašine na njegov rub, oslonila obe male, kratke šake na njegovu površinu. Raširila noge i njih, tako raširene, oslonila o najoštriji rub, lice joj se ozarilo.

Odakle njoj svetlost? pitala sam se. Kao da je neko uključio malu lampicu u struju, pomislila sam. Tako je Eva izgledala, osvetljena čkiljavom svetlošću.

„Svetlost je svetlost", kazala bi moja baka, veštica.

Eva je uživala. Naš crni kredenac, bio je, izgleda, Evin učitelj. I to su znali samo njih dvoje. I ja.

Jednom smo baka i ja pošle vozom na Evinu svadbu. Voz je išao kroz šumicu, kroz polje, pa ušao u njive. Dok je ulazio u šumicu, svetlost se stidljivo provlačila kroz krošnje. Stidljivo a ipak drsko. Neko je tu, nekom, dodirivao nešto. Kad je voz ušao u travu, već je bilo sasvim vlažno. A usred njive, traktor. Sečivo sijalo, čitavo polje obasjalo. Činilo se, onako sjajno, značajnije od celog traktora. Opasno, oštro sečivo ulazilo u zemlju i mrvilo je. A zemlja, umirena, poslušna. Rodiće. Ja sam se smejala.

„Šta je smešno, mucili?" pitala je baka. I stala na prozor voza. Videla je isto što i ja. Voz prolazio, tutnjao, leteo: uuuću ću ću. Uuuuuuuu, ću-ćuću. Baka je tužno kazala:

„Kako je život lep! I kako brzo prođe!" Duboko uzdahnula. „I meni je Veca, jednom, na Paliću, dao nešto da popijem. Kad smo izišle iz otvorenog tramvaja, moja Jolanka i ja, Veca je zastao, pružio ruku, pomogo da siđem, kazao: 'Milyen szép szeme van a kisasszonynak! Mint a legfényesebb zafir! Ha tudós lennék, tanulmányoznám ezt a fényt'."[1] Baka zabacila glavu malo unazad, zatvorila oči, kazala: „Hát tanulmányozza! Legyen tuóds!"[2]

„Jolanka se cerekalo, cerekalo", nastavila baka da priča. „I kad nas Veca odveo na oranžadu, Jolanka se još uvek cerekalo. Nije primetilo, da mi Veca sipao prašak u oranžadu, da me opio. Nikad se više nisam vratila svojoj kući, a moj Veco postao naučnik", kazala moja baka Fani i dugo uzdisala.

Voz je tutnjao: uuuuuuuu ću ću ću, uuuuuu ću ću ću. Približavao se našoj stanici.

Kad smo stigle u Evino selo, na stanici nas čekao fijaker, ukrašen cvećem. Perunike, ruže, gladiole, već su bile potpuno pijane. Izgubile svoj

---

[1] „Kakve oči gospođica ima! Kao najsjajniji safiri. Da sam naučnik, proučavao bih njihov sjaj!"

[2] „Pa proučavajte. Postanite naučnik."

miris, namirisale se rakijom, šljivom. Jedna perunika odmah skočila na bakin slamni šešir.

„Kako bi vam lepo stao!" kazao kočijaš, neki veseljak, pipao se po pantalonama, pipao, „imao sam jednu iglu da vam pričvrstim cvet!"

„Danke schön!" kazala baka, uzela čiodu iz oboda šešira, „kad moj Veca nije tu, vrlo sam samostalna, sve umem sama!" i zakačila peruniku o svoj šešir, bez kočijaševe igle. Moja baka, čarobnica.

Pijano cveće provozalo nas kroz čitavo selo. Guske su pretrčavale put i bunile se: ga ga ga ga ga. Petlovi nas pozdravljali i utišavali guske: kukurukuuuuu, kukuruku, ku ku, ruuuuuu. Stali smo ispred jedne dugačke, roze omalterisane kuće. I po plotu se kešalo pijano cveće. Pevalo na sav glas: „Proleteri svih zemalja, ujedinite se..." Cveće se zagrlilo, klatilo tamo-amo, zaklonilo ogradu. Zamalo da je sruši, mada ograda od cveća nikome nije smetala.

„Also", kazala baka i izišla iz fijakera.

U susret joj dotrčala Eva, zagrlila:

„Dobro došli, frau Fani!"

Velika roze mašna na kutiji koju je baka držala, prešla u Evine ruke. Za Evom dotrčao krupan čovek na kratkim nogama. Debelim usnama dotakao bakinu ruku, njegovo se jako crveno lice još više zarumenelo, zasijalo od radosti. Mene bacio visoko, uvis. Zavrljačio me prema nebu. Dok sam padala natrag, na njegove čvrste i sigurne šake, njegove oči govorile mi da se ne plašim pada. Umeo da dočeka i da vrati na zemlju. Iz zahvalnosti sam mu dotakla oštar kratak brk. Poveo nas unutra, kazao: „Ovo je naša mesna zajednica. Skoro smo je malterisali, da dočeka novu kraljicu!"

Evin muž bio predsednik mesne zajednice.

„Drugaricu kraljicu", kazala baka, a svi su se nasmejali.

„Drugaricu kraljicu", ponovio je Evin mladoženja i stegao svoje gvozdene šake oko Evinog struka.

„Wunderbar!" kazala je baka kad je, po dugačkim stolovima, opazila torte. Torte su zapljeskale, obradovale nam se, znale su da volimo slatkiše.

„Da se nisi usudila, lickalo!" kazala baka kobajagi strogo. Moj jezik se trgao i uvukao natrag. Torte su se smejale grohotom. Tresle se od smeha. I baka se smejala. Samo je moj jezik bio tužan.

Gvozdene šake Evinog mladoženje zatvorile su se: kvrrrrrc, oko Evinog struka, Eva je trepnula i: hop! Već je bila visoko iznad naših glava. Mladoženjine ruke ispratile su je u vazduh i spustile se niz kratko, žilavo telo.

Drugarica kraljica letela je prema nebu. Ali kad je dotakla vrh bajcovane drvene tavanice, male mesne zajednice, počela je da pada natrag, prema svom mladoženji, zacrvenelih obraza. Njene bele suknje prhnule kao golubovi.

Eva, ni za venčanje, nije obukla gaće.

To je verovatno dozvoljeno kraljicama koje su drugarice. Cvet artičoke, među Evinim nogama, nekada zatvoren, žućkastobeličaste boje, sada je bio veliki, sasvim otvoren, vlažan i sjajan. Svi smo gledali Evu. I torte su gledale, širom otvorile filovana usta. Lešnici, orasi, ružice od ofarbanog šećera, mlada i mladoženja od plastike, svi su iskrivili vratove. Mladoženjine ruke se raširile, a Eva, srećna i nasmejana, preko torti, bila sve bliža i bliža. Bele suknje šuštale, okupljale se oko Evinih debelih listova sa plavim dlačicama.

Mladoženjine ruke prvo dotakao Evin smeh, pa Evina radost, a tek potom Eva, cela, njene suknje... Svi su zapljeskali, bakine oči se zamaglile. Mogla sam da šmugnem prema tortama, nije videla. Ali pre nego što sam se primakla torti, prvoj po redu, torta je skočila na mene. Bio je to isti udar kao onda, pod klavirom, kad je Eva zaboravila da obuče gaćice. Približila sam se. To više nisu bili oni zanosni slatkiši od malopre, od marcipana, od oraha, lešnika, badema, čokolade. Torte su bile od mokrog, živog metala koji je mogao da iseče jezik, kao čiča „što oštri makaze, noževe, seče uši, noseve". Ako bi se jezik uopšte približio. Iznad torti, lebdela je pakosna, samoživa, pihtijasta bela magla.

Kad smo se te večeri vraćali kući sa Evine svadbe, baka je na svom krilu imala kutiju, uvezanu kanapom. Punu kolača. Nije ni znala, jadna moja baka, da su krvožedni.

Perunika na bakinom šeširu odavno je zaspala.

„Mnogo je lokala", kazala je baka, „pravi švajneraj, te seljačke svadbe!"

Eva je i posle svadbe dolazila kod nas. Brisala prašinu po crnoj trpezariji. Više nije trčkala oko trpezarijskog stola, nije pocupkivala, nije pevušila, njene filcane patikice nisu se podizale u vazduh. Nije se više igrala ni sa svojim učiteljem, crnim kredencom, sasvim ga je zaboravila. Kao da je sve savladala sama, svo znanje sve, kao da joj niko nije pomagao, odnosila se prema starom učitelju bez ikakvog poštovanja.

Jedini problem je bio cvet artičoke u drvenoj, rukom rezbarenoj vazi, iz Carigrada. Cvet se potpuno otvorio, možda se i on u međuvremenu udao ili oženio, beličastozeleni listići otvrdli. A iz centra cveta, mnogo belih prašnika, kao rakete, letele po čitavoj sobi. Morali negde da se zabodu. I zabadali se u tepih. Eva je klečala, vadila iz tepiha raketu po raketu. Skupljala belu najezdu i naglas psovala: „Jebem ti takvo seme što se svuda zabada". Nije joj bilo žao, što je seme umiralo u tepihu, na podu naše crne trpezarije.

KOMPOZICIJE BELOG ILIĆA I INTERPRETATOR ŠOPENA POGORELIĆEVSKOG TIPA

„Jedan pogled oka tvog, kriv je za sve, samo jedaaaan pogled oka tvoooog..." raspevala se slatko moja tetka Nada a klavir, stari kavaljer, tapkao za njom raspevano, durski. Moja majka otvarala vrata crne trpezarije, obuhvatala društvo oko klavira pogledom, mrmljala:
„Te njihove proste, dvočetvrtinske pesmice! Kako se samo uživljavaju, zamišljaju da je to umetnost! Ha ha ha. Hi hi hi." I brzo zatvarala vrata, zadovoljno, da je umetnost Nadinog društva, slučajno, ne zaprlja.
Oko klavira bilo puno muških cipela, raznih boja, oblika i starosti. Jedna crna cipela udarala o pedalu klavira, a druga, do pedale, udarala ritam za sebe. Svaka cipela je pevala svoju pesmu. Cipele pocupkivale a tirkiz kaišići na sandalama moje tetke Nade zategli se oko lakiranih, crvenih noktiju. Prsti na nogama i čitavo stopalo u tirkiz sandalici, bili su veoma energični. Svi prsti, od malog, do najvećeg, sledili su jedan pravac. Nijedan prst nije skretao ni levo, ni desno. Lepog oblika, otmeni, negovani.
Jedna cipela se naročito približila sandali moje tetke, ovlaš je dotakla. Sandala moje tetke nije reagovala odmah. Cipela se, kao matori li-

sac, došunjala sasvim blizu. Dodirivala sandalicu svojom uglačanom, zumbanom braon kožom. Tirkiz sandalica se tada stidljivo odmakla. Cipela lisica, za njom. Zalepila se prosto, uz nju. Sandalica se odmakla, ne više stidljivo. Muška lisica, opet, za njom. Nadin glasić je pevao:

„Nek padne ova noć i dođe tiho večeeee..."

„Nek padnem tad, u tvoj zagrljaaaaj..." pevala tirkiz sandalica dalje.

Dok je klavir završavao poslednji akord, a glasić držao poslednje: aaaaaaa, tirkiz sandalica se iznenada odmakla od crveno-braon muške lisice, podigla se u vazduh i: traaaaaaaaas! Zviznula cipelu. Od udarca se prsti u tirkiz sandali zgrčili. A muška zumbana cipela poskočila, priljubila se uz istovetnu crveno-braon, zumbanu, grčila se, grčila. I tu ostala, do kraja svirke. Klavir sve video, odjekivao glasnije da niko ne primeti šta se pod njim odigrava. Znao dobro da moja tetka Nada ne voli ni gospodu, ni lisice. Zbog hrabrosti, umesto poljubaca, poslao joj venčić veselih, durskih akorda.

Muški glasovi bi iznenada upadali u zvuke klavira, a onda, svi zajedno i klavir i muški glasovi jurili bi nežne, stidljive ženske glasiće. Ženski glasovi bežali. Bežali. Pa se umorili. Utopili u pesmu, udavili, kao u moru. Nestali, sve dok, iznenada, nisu izronili, zaplivali, ubrzavali ritam. Dvočetvrtinski takt postajao duži, prelamao se, lomio, pauzirao. Trajao mimo logike, „kao što je i Niče ustao protiv vladavine logike", oholo je jednom, kazala moja majka Leposava.

Igrali se tako, glasovi, muški i ženski, dugo i veselo. Uživao i klavir, nije mu bilo dosta igre. I klavir imao telo „... a od tela potiče sva radost!" kazala moja baka i veselo podigla uvis svoj prstić, kažiprst, desni.

Kad su zvuci utihnuli, kad su cipele, jedna za drugom, izišle iz naše crne trpezarije, dovukla se na klavirsku okruglu stolicu moja majka. Leposava. Njena noga, u sandali neutralne boje, pritisla pedalu. Njeni nokti, nelakirani, preko kaišića sandale, dotakli gvozdenu papučicu. Započela da svira skale: od c-dura, sve u krug. Kao dvojkom, oko Kalemegdana. G-dur, d-dur, a-dur, e-dur, h-dur, fis-dur, cis-dur. Zatim drugi krug snizilica, opet dvojkom, u drugom pravcu, oko Kalemegdana. F-dur, b-dur, es-dur, as-dur... – Vozile skale moju majku. Vozala moja majka skale. Oko Kalemegdana, zanosno zelenog, pored zoološkog vrta, divljački opasnog, do železničke stanice gde se rastaju ljubavnici, pored pristaništa gde se tlo gubi pod nogama. Vozala se, vozala, ceo put prespavala. Kad se naspavala, kazala:

„Jao, što sam umorna!" I prestala da svira skale. „A sad nešto, za svoju dušu!"

Zatim je otvarala note, tresla rukama, savijala prste, čistila grlo. Pripremala se za Šopena. Kad se dobro pripremila, zatvarala bi oči i spuštala obe šake, na crno-bele dirke klavira. Zatim: uzdiše, uzdah stiže uzdah, gleda kroz prozor, u mesec, ako nema meseca onda samo blene, broji zvezde, kaže: „Kakva strast, kakva slabost, kakav talenat!"

Pa opali nekoliko akorda po klavijaturi.

„A ta, Žorž Sandova, uličarka! Dušu mu pojela!"

Pa opet opali nekoliko akorda: drrrrn, drrrrn, drrrn, o jadan klavir.

„Zato je mlad i umro, što se saživeo s tom rospijom!"

Pa opet zvizne o klavir, kao da je klavir kriv što je Šopen živeo sa Žorž Sandovom, a ne sa njom. Mojom majkom Leposavom.

Pokušala sam jednom, dok je uzdisala nad Šopenovom sudbinom, nešto da joj objasnim. Mislila sam, u Šopenovom će prisustvu razumeti lakše i mene, svoje rođeno dete.

„Pomozi Paletu da iziđe iz mene!" kazala sam.

„Ne gnjavi", odgovorila je i drndala po klaviru.

„Ako ga ti pozoveš, on će izići! Ostaviće me na miru! Neću se više ničega plašiti!"

Ta usamljenost, Pale sam na svetu, usadio mi se u dušu, živeo u meni, kao parazit.

„Ako ga pozoveš, ako ga dotakneš, jedino ti to možeš! Ti si mi majka. Kaži, Pale, dođi, ostavi moje dete na miru..." stajala sam pored klavirske stolice kao kuče, čekala da moja majka Leposava, shvati o čemu se radi.

„Opet nešto izmišljaš! Zar nemaš pametnijeg posla! Idi pomozi baki, donesi joj drva za potpalu!" kazala moja gospođa majka.

„Zar ne vidiš da sviram!" strogo zaoštrila.

„Vidim... ali ne čujem!" kazao joj Pale, iz mene.

„Štaaaaaaa", vrisnula razmaženo!

„Budalo", prošaputala sam.

„Je l' i to kazao Pale?"

Ne, nije. To sam joj kazala ja. I sve sam joj kazala ja. Pale nije umeo da govori.

Došao u posetu, sa mojom tetkom Nadom,

visoki mladić. Dugi, dugi prsti. Veoma uglačane cipele. Oštar pogled, svetao, čist. Jasan. Pravilan nos. Po usnama, mnogo devojačkih poljubaca. Dug pogled. Kad je tim pogledom osmotrio moju majku, ona se nasmejala baš kao i Eva što se smeje: bez razloga, zbunjeno, histerično i blesavo: kiii ki ki! Bila je smešna i jadna.

Zatim je mladić seo na sam ugao okrugle klavirske stolice, malo se vrteo levo-desno, pogledao moju tetku Nadu. Pogledom zamolio (ili naredio), da mu se osmehne. Moja tetka, lepotica, svojim osmehom pomerila njegove duge, lepe prste. Po crno-belim dirkama klavira poleteli.

Nada je primakla klaviru crnu trpezarijsku stolicu, sela. Tirkiz sandalice se, jedna od druge, malo udaljile, razmakle. Kosa gurnula traku, ispala traka, kosa radosno popadala po ramenima. Bretela letnje haljine skliznula niz rame, kao niz klizavicu. Zvuci klavira nasrtali na moju tetku, saletali je sa svih strana, dodirivali kao da su muški prsti a ne muzički tonovi. Oči moje tetke Nade lagano počele da se otvaraju, zenice da se šire, zeleni kolutovi da se utapaju u dubinu zenica. Zatim je, jedno oko krenulo na jednu stranu, drugo oko na drugu stranu. Ali Nada je i dalje buljila u duge prste na klavijaturi koji su podjednako izluđivali i crne i bele dirke. Njene uvećane zenice, plovile su beonjačama, kao okeanom. Svaka na svoju stranu. Nada postala potpuno razroka.

Mladić je prvo uleteo u skale, uskočio u njih punom brzinom, peo se na njihove vrhove, kao alpinista na Mont Everest, bacao ih uvis, hokus--pokus, sakrivao ih u svom cilindru, pretvarao u zečeve, golubove, u tramvajske tračnice, vozao se njima, na njima, pod njima, jahao ih. Opipavao ih, dodirivao, ispitivao, kopao po dubinama, prokopavao svaki ton da mu otkrije koren. I pre nego što je započeo da svira Šopena, vladao je i skalama, i Žorž Sandovom. I mojom tetkom, razrokom lepoticom Nadom. Zatim je mladić uleteo u Šopena, prikupio sve konce u svojih deset prstiju, svaki konac zakačio na po jedan prst i: ha ha ha ha ha ha ha. Nije bilo nijednog mesta u Šopenovoj duši, nijednog mesta na kugli zemaljskoj, gde taj nije mogao da uđe. Prvi put sam u životu gledala đavola. Oh, kako mi se dopao.

I majčin koncertni klavir poludeo od radosti. Kao da nije imao nameru da se rastaje od novog majstora.

Moja majka zatvorila oči. Prvo se osmehivala, uzdržano. Zatim naglo namrštila, bolno. Zatim zgrčila, kao da se sprema da trpi mučenje. Nije imala nameru ni da se brani, ni da se bori. Odmah se predavala, kao da se nadala, zatvorenih očiju uspeće da pobegne od svega.

„Pri kraju ljudskih muka, kao na kraju nekog mračnog i zagušljivog hodnika, nalaze se vrata kroz koja se odlazi u nebo!" volela je moja majka glasno da filozofira!

„Samo, do tih vrata treba doći!" smejala se Vera.

„Misliš da je nebo za kukavice! E, moja draga, ne umeš ni da hodaš a hoćeš da letiš!" sekirala se baka i pokušavala da nauči svoju najstariju ćerku Leposavu, da korača.

Mladić je prestao da svira, kazao:

„Biram muziku koja me uzbuđuje, a kad me uzbudi..." zatim je pogledao u moju zelenooku razroku tetku, spustio poklopac klavira na dirke, dodao, sve gledajući u nju! „... onda ne vladam sobom, oprosti mi..."

Kad su njih dvoje izišli iz naše crne trpezarije, moja majka otvorila oči, primetila da ih nema, kazala:

„Bože me sačuvaj! Gde samo nalaze moje sestre takve tipove! Kakva destrukcija, kakav anarhizam! Mada..." pa zastala zbunjeno, „... mada... čoveku se učini da svira sa pauzom, al' nije, ima kontinuitet, kako samo rastura te sinkope! Šta li bi kazala moja profesorka, pokojna Vinaverka da je ovog čula!"

Jednom, usred noći, probudim se i vidim da moje majke nema pored mene u krevetu. Crne tačkice, koje sam pre spavanja nacrtala po zidu, iznad jastuka, jedna do druge, gusto zbijene, čitav roj, počeo da podrhtava. Kad je taj roj krvožednica osetio moj strah, podrhtavao sve brže i brže, zujao: zzzzzzz bzzz, zzzz, počeo da se odlepljuje od zida. Ustremio se pravo na mene. Crna rupa, usred trpezarijskog kredenca, skupljala se i širila. Privlačila crne bubice, privlačila mene. Htela da nas namami, da nas uvuče u sebe, da više nikada živi iz nje ne iziđemo. I vetar se uplašio. I zavese se uplašile, pobegle kroz prozor. Htela sam i ja da pobegnem, ali me rođene noge izneverile: nisu mogle da se mrdnu. Uvukla sam se pod pokrivač, samo mi on ostao, da spasem glavu. S druge strane kauča primetim: nit tanke svetlosti, iz hodnika, prošunjala se kroz vrata, tu zastala. Sakrila se. Od nečega je svetlost pobegla, možda od sramote. Skočila sam, čvrsto se uhvatila za tu slabašnu nit, jednu jedinu u sobi. A soba je bila velika, kao čitav svet. Čvrsto se uhvatila, uzdahnula duboko. Strah je kao kuče kad mu kažeš: maaaarš! Pobegao od mene.

Otvorila sam vrata i videla: hoklica privučena uz vrata Verine sobe, na hoklici mala šamlica, na šamlici moja majka stoji na pstima. Nos prilepila uz malo prozorče iznad vrata. Znala sam, gleda ljubavni film.

„Ta ništa ne ume, samo da priča!" kazala baka za moju majku.

„Da laje", ispravila je Vera.

Ni baka, ni Vera nisu znale da moja majka ume da privuče hoklicu uz vrata i da viri u tuđ život. Život ili film, nije pravila razliku, obe joj slike bile u dve dimenzije.

Naslonila sam se na ragastov. Pridremaću, dok se film ne završi. Sačekaću majku, da pođemo zajedno u krevet. Dok sam je tako čekala, usnila sam san: baka mi, na nekom bučnom mestu, vašaru, kupila kaleidoskop, kartonsku cev zatvorenu staklom s obe strane. Zatvaram jedno oko, drugim virim u mrak tajanstvene kutije.

„Je l' to mrak u šta viriš, ili je vreme?" pita me baka. A sve zna, unapred.

„Vidim našu kuću u Garašaninovoj, proleće je... slika je nestala, sve je belo, svetlo, ovde nema kamenčića, ovde ljudi lete!" uzvikujem iznenađeno. „Svetlost se raspada, postaju lica, vidim dekino lice, oslanja glavu o nekakav svetleći jastuk, šešir mu pao na naš crni trpezarijski sto, ti si zaspala, svetlost se skupila u tvom srcu, kao tačkica, od nečega se smrzla... vidim tri ruže u vazi, pa to nisu ruže, to su tri plamička, kao tri pupoljka što ih deka doneo iz Moskve!"

„Iz Moskve!" začudila se baka u snu, kao da je prvi put čula da deda odlazi u „Moskvu". „U Moskvi ne cvetaju ruže! Oni tamo prodaju vatru, gutačima! Veci nisu uspeli da prodaju vatru za ruže", ljutito kazala baka. „A moja Vera, koje je boje?" radoznalo upitala.

„Kao vatra", kazala sam. „A moja Nada?" pitala baka. „Divna velika vatra, raskošna", odgovorila sam, za moju majku Leposavu baka nije pitala.

„Šta vidiš dalje, mucili?"

„Vera skida prsten s dedine ruke, svetlost kamena ušla mi je u oči, pokušava nešto da mi kaže, zatim odvode deku, plavičasta svetlost, oblak, leti ka nebu, ti si se zgrčila, bako, svetlost se skupila u tebi, kao tačkica, tako svetli tvoje srce, moj deka leti u nebo, ponovo je sve belo, ljudi ne postoje, ništa ne vidim... evo, sad se pravi nova slika... Ti se cakliš, sve blješti oko tebe, počinješ da goriš... bako, šta to radiš?" Baka mi istrgnula magičnu kutiju, razbila je, izgazila.

Nečija ruka je zatresla moje rame. San je prekinut. Moja majka je zasiktala:

„Šta ćeš u hodniku, bezobraznice! Marš u krevet! Spavaš kao pijanica u vratima! Noge ti se sledile!"

Gurnula me grubo u mračnu sobu, u krevet. Htela sam i ja da pitam nju šta radi na dve stolice, usred noći, nosa prilepljena uz prozorče na Verinim vratima. Ali je nisam pitala, znala sam: viri u tuđ život.

Iz Verine sobe, izišao gospodin u prugastom odelu. Kazao:

„Dobro veče, gospođo, zar ne spavate, kasno

je!"

Za njim, Vera, sijale joj oči, sijalo prstenje, zasijao smeh, pao na majčine obraze. Od Verinog smeha, majčini obrazi ostali u opekotinama. Kad je legla u krevet pored mene, majka se prevrtala, gunđala, svojim groznim rečima, kao nožem, seckala moju dušu na komadiće.

I dok je tako, u mraku, pokušavala da pobaca svoje đubre u mene, da me zastraši pretnjama, njene reči: ružne i glupe, plašile me mnogo manje, nego što su me plašile crne tačkice sa zida koje su se pretvarale u jato krvožednih bubica i crna rupa u našem kredencu koja je htela da me proguta.

I sve to zajedno, na gomilu skupljeno, plašilo me mnogo manje, nego san, koji je trebalo da nastavim da sanjam, čim zatvorim oči. Kako se stvarnost sklapa i rasklapa. Kako menjam ulice i kuće, kako moj deka, moja baka, lete u nebo. Da li da sanjam ili da živim, šta je manje strašno, htela sam da pitam moju majku Leposavu, ali ona je: hrrrrrrr, već čvrsto spavala. Tako mirno, ljubavni je film potpuno zadovoljio.

ZLATNA KNJIŽICA

„Gutaaaj!" više kukala, nego što mi naređivala, moja majka.

„Um Gottes Willen!" kazala baka, „ne gnjavi to dete!"

„Pogledaj šta mi radi! Već pola sata sedim kao blesava", kazala moja majka i pritisnula prstom moj obraz, „gutaj to!"

Moj obraz bio otečen, od zalogaja kifle sa šunkom. Zalogaj se branio, nije hteo da ga progutam, ni on nije voleo sam, u mrak. Prešao na drugu stranu, promenio obraz, da mu bude komotnije.

„Mamaaaaa! Premestila je zalogaj na drugu stranu!" tužakala me moja majka svojoj majci. Onda je ustala, izišla preko terase u dvorište, ušla u jorgovan, iskidala prut i vratila se. Baka i ja smo se pogledale. Majka strogo kazala:

„Da jedeš! Mom strpljenju je kraj! Od danas okrećem drugi list!" i podigla uvis grančicu jorgovana. Na dnu grane, zgrčio se cvetić. Kad je prut prvi put fijuknuo kroz vazduh, cvet je počeo da cvokoće. Svima je bilo žao uplašenog jorgovana: isečenim kriškama paradajza u tanjiru, izmrvljenoj kifli, parčićima šunke. Iz protesta, počeli da ispadaju iz tanjira na pod. Majka je dreknula:

„Gutaj!"

„Šta da gutam?" pitala sam.
Prut se zgrčio u vazduhu. Sagao nad moju ruku da sazna o čemu se radi. Cvet jorgovana, izvinjavajući se, dotakao mi nadlanicu.
„Gutaj taj zalogaj što držiš u ustima!"
„To nije zalogaj", kazala sam, „jaoooo", počela da kukam, „jaoo, bako, pomagaj, boli me zuuub, strašno me boli zub, jaoo!"
Držala sam majku i prut na oku. Drugim okom sam objasnila baki da mi pomogne.
„Mamaaaa!" zakukala moja majka. I ona tražila pomoć od bake.
„Vidi šta mi raadi! Ja ću da izludim!" kazala moja majka. Kad je prvi put čuo te reči: kvrrrrrrrrrc! Od smeha se pocepao.
„A inače si veoma pametna!" kazala baka i sklonila tanjir s ostacima kifle, šunke, kriškama paradajza. Pokupila mrve sa stola. „Das ist genug", kazala, „nemoj da sliniš, sramota! Ako neko dođe pa te vidi! Udata žena a slini za svaku sitnicu!"
„Ovo nije sitnica!", pokušala da joj objasni moja majka, rukom zakačila šoljicu kafe i crna joj se tečnost prosula po haljini. Napunila krilo. Sedela. I dalje slinila. Kao da se niša nije desilo. Kao da je kafa bila u šoljici, a ne u njenoj svilenoj haljini. Šoljica crne kafe ili krilo puno crne kafe, to je za moju majku bilo potpuno isto.
„Šlampih!" naljutila se baka, „diži se, potrči, operi, šta čekaš! Da nestane samo od sebe!" I nestajalo je... crna tečnost se cedila po tepihu!
„Za tebe je svila! Nije Veca imao gde da baci pare, pa tebi kupio svilu! Ta luta jetna, taj moj Veca, luta, kolko je teška!"

Moja majka ustala, lenjo se dovlačila do česme kazala:

„Nije luta, nego luda! On je lud!"

„Ne seri, nego peri!" kazala baka.

Za mojom majkom, po tepihu, ostajao crni trag. Trljala je haljinu i slinila, sve zajedno. Da li je trljala fleku ili neko sasvim deseto mesto, neku fleku od pre mesec dana, za nju to nije bilo važno. Ali je umela da kaže: „Odelo ne čini čoveka!"

„Naravno da ne čini", baka je krpom brisala majčine fleke po tepihu, „ako ti drugi kupi! Ako sam sebi kupiš, još kako te odelo učini čovekom. I odelo!" naglasila baka. Zatim je podmetnula ruku pod moju bradu: „Ispljuni to, mucili!"

„Otok od zuba! On je nestao! Vidi! Aaaaaa!" I isplezila sam se baki. Moj jezik je uživao da se vidi. Pa opet: „Aaaaaaaaaaaa" Moj jezik se igrao sa bakom.

„Vidim! Ne moraš da me ubeđuješ!" kazala baka, „ti nju namerno mučiš?" tiho promrmljala.

„Ne, ne radim to namerno!"

„Nego?"

„Slučajno! Zgodno mi se namesti!" prošaputala sam da majka ne čuje.

„Da!" uzdahnula je baka, „imaš pravo."

Majka je opet sela. Baka pogledala tamnu mrlju na majčinoj haljini: „Fleka neće izići! Upropastila si haljinu. Za tebe je samo cic!"

Moja majka tiho kazala: „Pa da, ja sam pastorče u ovoj kući!"

Baka i ja se zgledale.

„Svi vi mislite da ne znam šta se radi! Da ne vidim!"

„O čemu govoriš, sine?" začudila se baka.

„O njoj, tvojoj ćerki!" kazala moja majka pakosno.

„A ti nisi moja ćerka, sine?"

„Skinula je svo prstenje, stala nasred sobe, raščupana kao veštica, opuštene kose, nafrakana, zacrvenela usne, bacala prsten, po prsten, cerekala se da se zidovi tresu! A on! Pravi cule! Go, golcat! Na kolenima je puzao od ćoška, do ćoška, skupljao prstenje, ispunjavao kraljičine naredbe."

Kao kad otvori prozore da izluftira sobu, baka širom otvorila oči, držala ih tako, širom otvorene.

„Je l' tebi krivo što je on ispunjavao njene želje ili ti je krivo što se tvoja sestra zabavljala!" Zatim je baka viknula: „Jesi ti Gestapo! Špijuniraš!"

„Takav nemoral ne postoji ni na filmu!" kazala moja majka nešto tiše, iznenađena bakinim tonom.

„Zašto bi filmadžije bile maštovitije od mojih kćeri, glupačo!" razbesnela se baka. Dobila pečate po obrazima. „Em si luda, em si glupa! To je retka kombinacija, mora se priznati" udarila baka iznutra jedan veliki crveni pečat na svoj obraz.

„Zar je moooje dete dužno..." zakukala moja majka, „šmrrrk, šmrrrk, da trpi... takve... takve... svinjarije... u ovoj kući... šmrk."

Baka je posmatrala muvu u letu, malo podigla ruku, i: zuuuum! Uhvatila muvu. Očupala joj oba krilca, izbacila muvu kroz prozor.

„Majka mu bila ruska grofica..." nastavljala moja majka svoju priču, „a nije sina umela da vaspita! Napravila od njega običnog šmoklju!"

Baka je vrebala drugu muvu. Zuuum! I druga je već bila u njenoj šaci. Opet joj očupala krilca. I bacila muvu na šporet.

„Glavno da si ti pronašla muškarčinu!" kazala mojoj majci. „Ako ti ne valja u ovoj kući, eno ti, Cvijićeva 90, idi, otac ti dao stan, niko te ne zadržava! I da te više nisam videla da gviriš u Verinu sobu, dosta mi je tih tvojih komendija!"

„E, sve ću da kažem tatiii! Nek zna, šta mu ćerke rade iza leđa!" pretila, kao tužibaba, moja majka.

„A ja ću tebe za krilce, pa napolje, jesi razumela?" Zuuum. I još jedna nedužna muva bila je u bakinoj šaci. Majka se skupila, skvrčila. Muva je cvrčala na usijanom šporetu. Moja majka od straha počela da nestaje. Oči joj se zalepile za usijanu ploču šporeta.

Znam dobro šta je strah i, kako se od njega nestaje.

„Nemoj da je plašiš", zamolila sam baku, „nemoj više, dosta je!" Bilo mi žao majke. Kakva je, da je, moja je. Ušla je Vera. Zapalila cigaretu žarom iz šporeta.

„Opet nemaš šibicu!" kazala baka, iz džepa svoje čiste kecelje izvukla kutiju šibica i dala joj. „Na! Da mi više ne goriš tepih. Ti i Veca ste izgoreli žarom ceo tepih!"

„Šta ti je, mama? Jesi ustala jutros na levu nogu?" začuđeno gledala Vera moju baku, „nisam od tebe navikla taj ton", kazala. Baka joj nije ništa odgovorila. Pogledala moju majku, da niko ne vidi.

„A tebe", zapretila Vera mojoj majci, „ako te još jednom uhvatim da viriš noću u moju sobu, šiju ću da ti zavrnem! Ima perje da leti!"

Moja majka ćutala, uvukla glavu u ramena. I ona, kao i moj deda, imala glavu na lastiš.

„Zar nemaš druga posla! Mlada si, zdrava, nađi nekog, ne kradi bogu dane", kazala Vera.

„Kako si pakosssssna!" siktala moja majka. Nisam znala da ume da sikće, „da nađem nekog! Ja sam udata!"

„Je l' čuješ ovo, mama!" slatko se smejala moja tetka Vera.

„Ne čujem", kazala baka, a zatim „mucili, 'ajdemo do Cvetnog trga".

„Neću!" Htela sam da čujem šta će biti dalje. Baka uzela zembil: „Stvarno nećeš, sa svojom bakom?" Nije htela da čujem šta će njih dve da razgovaraju, moja majka i moja tetka. Ukopala sam se u mesto „neću", ponovila. „Dobro", kazala žalosno baka i otišla na pijac, noseći prazan zembil.

„Zašto tebi smeta moj muž?" kazala moja majka čim su se zatvorila vrata za bakom. Dražila Veru, mahala joj crvenom maramom pred očima, kao da je bik.

„Možda te nervira što je lep, što je visok, što je zgodan, što je doktor...?" Samo što se nije smejala Veri u lice. Vera mirno pušila, uvlačila dimove svoje cigarete, pravila kolutove.

„Oćeš još dugo da kenjaš?" pitala.

„Skačeš na mene kao zolja, a kad treba da mi odgovoriš konkretno, logički, onda si prosta! Razgovaraš sa mnom...", to sa mnom, moja majka veoma naglasila, „... kao da si sa... svojim društvom u 'Malom Parizu'!" I to, „Malom Parizu", bilo je posebno naglašeno.

„Prvo i prvo", kazala Vera i ugasila cigaretu, „on bi bio doktor znaš kad – nikad, da ga moj otac nije iškolovao. Al' mu ni to mnogo ne pomaže, bitanga ostaje bitanga. Kulov ostaje kulov."

„I tebe je školovao", kazala moja majka Veri, „pa nije vredelo, nisi završila!"

„Meni škola nije potrebna! I bez nje, sasvim dobro znam ko sam." Zapalila novu cigaretu. Opet žarom iz šporeta. Žar pao na tepih. Obe ćerke sedele, vuna zasmrdela. Nijedna nije pomerila ni vrh cipele, da ugasi žar. Tepih im nije bio važan.

„A ko si, ako smem da pitam?" pitala moja majka.

Vera se nasmejala, zabacila glavu malo unazad, zaista je bila zanosna. Ponekad.

„Dobra pička!" kazala, osmeh joj bio zatvoren u telo, samo je ona poznavala snagu tog osmeha. „Ti si školovana za sve nas, mnogo ti ta tvoja pamet pomaže u životu!" dodala Vera, kad se sita nauživala sopstvenog smeha.

„Prosta si! Prava uličarka!", vratila pakost Veri moja majka!

Bile su grozne, dve sestre, Vera i Leposava.

„Hoćeš ja tebi nešto da kažem?" pitala Vera, posle kratke pauze.

„Da čujem", drsko joj se nameštala moja majka.

„Tvoj muž, gosn doktor, bio sinoć kod 'Malog Pariza' s onom crnom kulovkom. Obesila mu se o vrat, cmakala ga, cmakala. Samo što mu nije pred svima..."

„Vera!" vrisnula moja majka, pogledala u mene, „molim te!"

„Šta moliš, slušaj, kad si htela! Kad je video tatu i mene, odgurnuo je, siroticu, i zbrisao, ostavio je samu za stolom, nama nije kazao ni dobro veče!"

Vera se nije smejala. Bilo joj žao.

„Tako on i sa tobom, kukavica jedna! Našo koga da folira! E, moja budalo! Lepo ti tata govorio: sine moj, nije on za tebe!"

Moja majka pokrila oči rukama. Nije se šalila. Bila je očajna.

„Gledaj pa mu opet sve ispričaj, kao prošli put!"

Majka počela da jeca. Izašla iz sobe. Vera kazala:

„Samo ume da cmizdri, ništa više! Džabe pare za tolike knjige što je pročitala!" Uzela cigaretu, htela da zapali žarom.

„Imaš šibicu!" kazala sam joj. Ona spustila ruku u džep, napipala šibicu. „Bravo, sine!" kazala. I upalila. „Šta ti radiš, špiciko?" pitala me. „Opet crtaš bubice?" Rojevi novih crnih bubica skupljali se oko moje olovke, kao oko sijalice u mraku. Toliko ih bilo, da su poletele na drugi zid. „Veraaaaa, upomooooć!" i pre nego što su bubice poletele na mene, pobegla sam kod tetke u krilo.

Baka se nije ničega plašila: ni bubica, ni rupe u našem crnom kredencu, ni mraka. A kad bih pobegla od straha tako daleko da nisam umela da se vratim natrag, baka bi pošla za mnom, istim putem kojim sam bežala.

„Telo je tvoja kuća, mucili", govorila je, „ne smeš da ideš tako daleko od kuće, još si mala! Možda, kad porasteš!"

Jednom sam se strašno uplašila. Bežala sam, bežala. Pobegla tako daleko, da više nisam umela da se vratim. Mislila sam, sve je, zauvek izgubljeno.

„I telo može da bude prazno, kao napuštena kuća", kazala je baka. Majka me udarala po obrazima, polivala vodom, zvala: „Upomooooć!" Dozivala me, da se vratim. Kukala, preklinjala. Tresla se kao prut. Nisam je čula. Već sam bila veoma daleko. Bežala kroz mrak, prema tišini.

Onda je došla baka, uzdahnula: „Ljudska duša ili džungla, svuda vrebaju krvoločne zveri", kazala i pošla za mnom. Lagano, nečujno, kao tigrica. Vešto se provlačila kroz mnoge zamke, kroz gusto upletene, žive niti, kroz mračne i duboke lavirinte moje duše. Tragala je, tragala uporno. Od tog traganja, malo se umorila, primetila sam kad mi se približila.

„Zašto si otišla tako daleko, mucili?" pitala, a njen glas, kao vetar, razneo sive oblake koji se navukli na moju dušu.

„Ne znam", kazala sam. Još uvek sam bila jako uplašena. „Jesi se mnogo namučila dok si me pronašla, bako?" pitala sam baku kad sam došla sebi.

„Nije to ništa, pusili!" htela baka potpuno da me umiri, „život je ponekad mnogo strašniji!"

Moja majka nas posmatrala i kazala: „Mama, s ovim detetom nešto nije u redu!"

Baka uzdahnula: „Glavno da je sa tobom sve u redu!"

I Baka je umela da nestane. Da se sakrije u moje srce i da ne izlazi, sve dok je ne pozovem. Tek kad kažem: bakooooo, ona se pojavi.

Za Uskrs sam dobijala poklone od zeca. Taj zec, što je svake godine dolazio u naše dvorište, voleo je bajke. Zato su se njih dvoje, on i moja baka, razumeli.

„Život može da postane bajka", volela je da kaže baka, „ako imaš snage da sediš na vrteški dok joj se ne smuči", smejala se baka kao veštica, „čuvaj srce, mucili!" Zašto, nisam razumela. Zec je krio poklone svuda po dvorištu. Najviše je voleo da ih sakrije u dno naše bašte, u jorgovan. Ostavljao je raznorazne tragove za sobom, kao Ivica i Marica kamenčiće, mala šarena čokoladna jaja, papirne cvetiće, bombone u šuškavom papiru. Ja sam išla po zečijem tragu, „zar je morao korpu da sakrije tako duboko u granje, taj bezobrazni zec!" pitala sam baku. „Morao je. Što više tražiš, više ćeš se radovati kad pronađeš! Ko traži, taj nađe!" kazala baka, oči joj sijale, veštica se pretvarala u čarobnicu. Ušla u žbunje, ja za njom.

„Je l' bar divan taj bezvezni poklon?" pitala sam.

„Mrzi te da tražiš?" smejala se, „divan je, može od njega i da se oslepi, ako mu se lagano ne približavaš!"

Bakin smeh doticao listiće jasmina. Oni se meškoljili, umiljavali, mazili. A jorgovan, od ljubomore, rešio da mi otkrije gde je korpa. Hooop, razmaknuo dve grane. Korpa je ležala na šuškavom gnezdu od svetlucavih niti. Pre nego što sam je dotakla, zatvorila sam oči. Htela sam da se priviknem na sjaj, na toliku radost. Da ne oslepim, da ne umrem.

Moje srce je udaralo: tupa tup, tupa tup, tupa tup. Nisam znala da i srce može tako naglo da promeni ritam. Iza sebe, kao avion koji se sprema da poleti, čula sam buku. Silan neki, snažan motor: rrrrrrrrrrrrrrrrrrrrrr, zabrundao je. Kad sam se okrenula, bake nije bilo. Nestala. Odletela? Zatim, negde duboko, u dnu svog srca, kao na pisti aerodroma, čujem spuštanje istog avionskog motora: rrrrrrrrrrrrrrr. Motor se ugasio: znala sam. Baka doletela u moje srce.

„Kad jednom nekoga zavoliš, tebe nema. Nestaneš u njemu. Rastopiš se!"

„Rastopiš se!" ponovila sam bakine reči i vrisnula: „Izlazi bako, brzo izlazi, da se u meni ne rastopiš! Bakoooo!"

Tajanstveno se osmehujući, stvorila se na svom mestu, iza mene, gde je i stajala. Cela celcata.

„So", kazala, „šta sve ima u toj korpi, mucili?"

Zajedno smo zavirile: žuti pilići od šećera, pačići od marcipana, čitava pačija porodica koja je s korpom krenula na Cvetni trg, majka patka nosila je zembil, zečevi od bele čokolade u providnim kavezima. „Oni su iz Diseldorf", kazala baka, „tamo ima divan zoološki vrt", bombone u najšarenijim papirićima, čokoladna jaja svih boja i veličina, lampioni.

„Ja sanjam", kazala sam.

„Ko ti brani!" kazala baka. „Stvarnost ili san, zar ima razlike?" Kikotala se baka, kikotala se ja i, hooooop! Čokoladno jaje nestalo je u mojim ustima. Jezik ovoga puta nije imao vremena da pogleda baku, ni da joj kaže: aaaaaaaaaa! Bio veoma zauzet. Jaje se topilo, premeštalo s jedne strane na drugu, uživalo i, nestajalo. Davalo mi se do kraja svoje čokolade. Još samo nekoliko pokreta jezikom i: hoop, nestaće zauvek.

„Možeš li i ti, bako, da se rastopiš kao čokoladno jaje?" pitala sam.

„Još kako, ali sam oprezna!" kazala baka i namignula.

„A onda, na Paliću, kad ste sišli iz belog otvorenog tramvaja i otišli na oranžadu, pa ti deka sipao prašak da ne vidi Jolanka, pa te uspavao! Jesi i onda bila oprezna?" Strašno mi stalo do bakinog odgovora.

Baka podigla prstić i zapretila: „Muciliiiii, nemoj to da mi radiš!"

„Jesi nestala?" ponovila sam pitanje.

„Ne znam", kazala tužno baka i spustila prstić.

U našem dvorištu, gugutale su gugutke.

„Gu guuu, gu guuu. Gu gu gu."

Što se više bližio moj rođendan, gugutale su sve mahnitije. Znale su, častićemo ih kolačima. I naše gugutke volele su slatkiše, isto kao i ja. Bile su spremne da pevaju čitavu noć, za parče torte. Na sam dan mog rođendana, gugutale su toliko, da su isplele čitav venac, ukrasile ga cvetovima jasmina i kad sam izišla na terasu, rano ujutru, gugutke su, sa oluka, spustile venčić u moju kosu.

„Hvala", rekla sam i pozvala ih na dlan. „Gu guuuu", odgovorile i sletele mi na dlan. Kljucnule nekoliko puta, poželele srećan rođendan i prhnule: prrrrr, na jedan sims, gde su volele da sede. Provodile tamo, čitav dan.

Deda je izišao na terasu u pižami i u papučama, tajanstveno pitao baku:

„Jesi gu dala?"

A baka: „Još gu nisam dala!" i slatko se smejala. „E, moj Veco, Balkancu!" pa opet smeh: hiiiiiihi hiiii, haaa ha ha ha „nisam gu dala, nisam!

Nek ti je pradeda znao pet jezika, nek je bio po evropskim dvorovima, kao što kažeš..."

„Ne kažem ja", bunio se deda, „to piše u srpskoj istoriji, ima slike u naš muzej".

„U kome muzeju?" pitala baka, a smeh joj se potocima, kao suze, slivao niz lice, čitavo joj lice bilo okupano smehom.

„Kako, u koj muzej, u naš, iz Niš!" kazao ozbiljno moj deda.

„Nišlija ostaje Nišlija!" smejala se baka, naglasila ono: ija, da bude baš po nišlijski.

„Ajde, Fani, ne gnjavi, nestrpljiv sam, daj gu!" kazao deda, izvlačio poslednje dimove iz svog pikavca. Bakina ruka ušla u džep od kecelje, dedine oči takođe ušle u džep od kecelje. Šta sve nije bilo u tom njenom cicanom džepu, kao u mađioničarevom šeširu. Baka izvukla ruku, u ruci, kutijica:

„Deka dao da se napravi kod Ognjanovića, pogledaj!" otvorila kutijicu, ututkana u vatu, ležala je zlatna knjižica. Osmehivala mi se nepoznatim, zlatnim sjajem. Poletela, kvrrrc, lančićem mi se prikačila oko vrata. Ljubila me, ljubila, sasvim nežno, zlatno. Tu i ostala. Deda je povikao:

„Divna je! Mala zlatna knjiga! Svaka knjiga je zlatna, ova je sine dekin, baš od zlata. Jednom, kad dođe vreme, knjižica će se otvori i tvoj deka će: hoop, da uskoči na prvi list, oćeš da daš svom deki mesto u zlatnoj knjižici?"

„Aha", kazala sam, „samo nemoj odmah!"

„Neću, ne boj se!" mom dedi jedno oko zasuzilo, drugim pomilovao baku, „ajde, kaži svom deki..."

Rekla sam „rrrrrrrrrrrrrrrrrrrrrr". To je hteo. Baka i deka se smejali, a ono „rrrrrr" kao trunčica iz moje duše, poletelo između njih dvoje, nosilo poljupce koje niko nije mogao da ukrade, jer smo samo mi znali za njih.

Deda je na moj obraz spustio skalu poljubaca. Poljupci odskakivali, čulo se: do re mi fa sol la si dooooo. Zatim su poleteli, spojili se, uhvatili za ruke, zaigrali. Ispala mala kadenca: do mi sol mi dooooo. Do fa la fa do...

„A sad, Fani", prekinuo deda malu kadencu, „daj gu ti!". Seo na kožnu fotelju i čekao. Dok je tako čekao, malo podigao levu nogu sa kožne fotelje, trava radoznalo izvirila iz pocepane kože, ali čim je čula prvi ton, namrgodila se, duboko uzdahnula i brzo uvukla natrag, u svoju kožu. Trt, trt, trt, trrrrt, trrrrt, trt, trt! Moj deda otprdeo čitavu skalu i zadovoljno spustio levu nogu natrag na poderanu kožu. Trava odahnula, provirila iz kože, da uhvati svež vazduh.

„Ovo je moj poklon!" kazala baka i spustila kutiju na sto, „otvori slobodno!"

„Al' bi ja voleo da imam takvu aljinicu!" kazao deda.

„Baš bi ti lepo stajala!" kazala baka, „butala jetna matora!"

Ho ho ho, ho ho ho. Uživao deda što je baka opet pogrešila u padežu. Ja sam uhvatila baku za ruku, dedu za smeh. Da mi radost ne izmakne tlo pod nogama.

„Stvarnost ili san, sine moj!" kazao deda, „ako čvrsto stojiš na nogama, ne postoji nikakva razlika!"

„Hokus pokus preparandus", govorila baka čarobnica i iz kartonske kutije izvlačila morsku penu. Pena šuštala, zapenušila, igrala, kao da je još uvek u moru.

„U toj ćeš aljinici biti prava Afrodita", kazao deda, „da gu poljubim."

„Koristiš svaku priliku da balaviš dete", odgurnula ga baka. „Podigni ruke, pusili."

Ulazila sam u morsku penu. Treperilo, šuštalo, svetlucalo oko mene, svet izgledao potpuno drugačiji. Haljinica bila svetložute boje sa sitnim belim tačkicama, svuda razbacanim, po naborima, volanima, mašnama. Morski se talasi zaustavili, postali volani, a tačkice, svetlucave kapi morske soli. Bele tačkice odmah se razletele po čitavoj sobi, popadale po stolnjaku, po zavesama, po bakinoj spavaćici, po dedinoj leptir-mašni, po zidovima. A crne tačkice, kukavice, rojevi sitnih crnih uplašenih mušica, od straha se povukle u jedan ugao. Deo zida, u ćošku, zacrneo od njih, počeo da podrhtava. Crne tačkice cvokotale su od straha.

„Mora deda sutra da gu kupi isti takav šeširić, kao aljinicu, i cipelice", a onda, opreznije, dodao: „Je li, Fani, je l' ima to sad, ovde kod nas?"

Bakine se usne razvukle a gorčina, kao kapljice, ostala po njima: „Zaboravljaš da živimo u stvarnosti!" kazala.

Ali se deda zato slatko smejao. Slatko ili gorko? Ne sećam se. Kazao: „U stvarnosti tuđeg sna, živimo, Fani!", zatim dodao, nešto tiše: „Ništa gore, nego kad upadneš u san budale!"

„Odatle nema vađenja", kazala baka, najdublje uzdahnula, ušla u bunar svoje duše.

„Fani..." nagao se deda nad bunar, da ga Fani čuje, „Fanii", ponovio. „Gore glavu, jesi čula!"

Fani podigla glavu. Njen nosić, dotakao nebo. Nebo se osmehnulo od tog dodira.

Na naše dvorište, gledao je njegov prozor. Svakog jutra bio otvoren, po simsu se skupljali golubovi. Sa golubovima, šunjao se tu i moj pogled, ponekad. Kljuckao mrvice, kao lopov. Malo kljuckao, malo se uvlačio u dečakovo srce.

U haljinici od pene, stala sam pod prozor. Činilo mi se, nevidljiva sam.

„Zdravo", kazao mi dečak i spustio dlan na jednu belu golubicu. Nisam odgovorila. Nisam ga ni pogledala. Rukom sam oterala golubove s njegovog prozora. Htela, da budem jedina.

Dečak dohvatio granu jorgovana, cveće povikalo: upomoooć. Polomio je i prutom: zuuuuum, zamahnuo. Prut se upleo u volane moje nove haljine.

„Ništa me ne boli", lagala sam. Dečak me pogledao oštrije no što je zamahnuo prutom, navukao zavesu. Zatvorio prozor.

A ispod nabora, volana, mašni, po mojoj nozi ostao napisan njegov bes: dugi crveni trag, hijuuuuu, bilo zapisano. Pokrila sam rukom trag na nozi. Postao taman, mračan. Dotakla ga, pa još jednom. Pa još jednom. I mrak može da se dotakne, nije tako strašno.

Kad me videla u novoj haljini, moja majka kazala baki: „Bog s tobom, mama! Pa mi više nismo bogati! Zašto detetu tako skupa haljina! Ja sam mogla da imam i petnaest pari cipela a moje dete, jedva da će imati ijedne!"

„Kakva si, dobro da ima jedne!" kazala baka.

TROJANSKI KONJ

Dvorišna kapija zaškripala. Provirio beli mantil. Pozvao: „Gospođo doktorkoo, gospođo doktoor!"

Moja baka stala na prvi stepenik: „Moolim?" kazala.

Beli mantil opet viknuo: „Goospođo doktor!"

Moja majka preletela svih pet stepenika. „Tu sam!" kazala. Baka je premerila od glave do pete: „Ti si gospođa doktor!" Zaprepašćena, ušla u kuću.

„Otvorite kapiju", kazao beli mantil, za njim, provirio još jedan beli mantil.

„Je l' stigla?" zapljeskala rukama moja majka. „Divno!" Dok je otvarala kapiju: Pocepala novu čarapu, iskrivila veliki teški ključ (i to treba umeti), ušao joj trn u prst (nije zakukala). Pokazala se, prvi put, izuzetnom. Baka provirila kroz prozor, da vidi kako se snalazi gospođa doktorka: „Svaka čast!" kazala. Dva bela mantila uvlačila drvenu kućicu na kolicima kroz našu kapiju. Kućica bila zeleno ofarbana, imala crveni krov, veliki i mali stakleni prozor, vrata, dimnjak. Bila, kao prava. „Kakav je ovo trojanski konj što se uvlači u naše dvorište! Ko mu je otvorio kapiju?"

pitao u prolazu moj deda, kratko pogledao Leposavu, a njegov štap, kao uvek kad pođe s dedom u „Mali Pariz", u „Manjež" ili u „Moskvu", radovao se silno, skakutao, pocupkivao pored dede: cupa cupa cup.

„Doktor kazo da montiramo, dok on ne dođe! Imaš klješta i čekić?" pitao beli mantil moju majku. A drugi beli mantil s nekoliko krvavih flekica blizu poslednjeg dugmeta, otvorio crnu tašnu i povadio eksere raznih veličina.

„Moram da pitam mamu", kazala moja majka.

„Je l' ovo tvoja kuća, il' od tvoje majke?" pitao mantil s krvavim flekicama.

„I moja, i moje mame!" odgovorila mu moja majka. Beli mantil s krvavim flekicama se nasmejao, gurnuo onog drugog do sebe: „A doktor kazo da je njegova! Odakle njemu, ovol'ka kuća! Daj klješta, ako imaš, ako nemaš, nek montira sam!"

„Imam, imam", brzo kazala majka, kao da je već napravila grešku. I donela sandučić sa alatom.

Dva bela mantila petljala oko kućice. Zakucavali „trojanskog konja" na drvenu podlogu. Da se ne „džilita, da ne pobegne dok iz temelja ne razori Troju".

„Je l' ovo za tebe?" pitao bolničar, bez krvavih flekica po mantilu, dok je ukucavao ekser u dasku. Nisam ništa kazala, bilo mi svejedno.

„Što se tvoj tata divno igrao dok ti je pravio kućicu!" kazao bolničar.

„On mene jako voli!" kazala sam i uzdahnula. Bolničar se nasmejao.

„Ču li ti, šta mi ovo dete kaza?" gurnuo bolničar drugog do sebe, ostavio čekić i pogledao me. „Koliko imaš godina?"

Nasmejala sam se. Bio je dobar. „Četiri", kazala.

„Pametno si dete, dođe da te čika poljubi." I: cmoook. (Od broja slova: O, zavisi dužina poljupca, Cmoook, znači da poljubac traje tri četvrtine.)

Namestila sam mu obraz. On me poljubio. Baka donela rakiju da posluži ljude, šapnula mi u prolazu.

„Zašto dozvoljavaš da te ljubi!" Nije znala kako je čovek dobar. I ona bi dozvolila.

„Ima terasu. I pravo staklo na prozoru. I vrata se zaključavaju!" kao kuče išla oko kućice moja majka i cvilela od radosti.

„Ako te baba tuče, a ti se zaključaj u kućicu", kazao beli mantil s krvavim flekicama.

„Molim?" kazala sam. Pre svega, nisam imala babu, nego baku, a zatim, zar neko tuče malu decu!

Majka je pljeskala rukama: „Kako tebe tvoj tatica voli!" Pa opet, „Kako tebe tvoj tatica voli!" Kad je dosadila i bogu i ljudima, beli mantil kazao: „Vaše dete to zna, bolje od vas!" Majka se nasmejala, opet nije ništa razumela.

Na stepenicama, pojavila se moja tetka Nada. Uzana suknja, visoke štikle, raspuštena kosa. U kosi, tirkiz marama. Silazila niz stepenike, lagano, cak, cak, cak, cak, cak, cak. Beli mantil, dok je Nada koračala, zapevao:

„Slušaj babo, slušaj babo, orasi su skupi, il' me ženi, il' me ženi, il' tamburu kupi."

Nada zavrtela mozak stepeništu. Bolničar gledao za Nadom sve dok ova nije lupila kapijom. Umesto u ekser, čekićem udario u prst.

Tada je u dvorište stupio moj otac. Kao kralj. Nastala tišina. Kralj se približavao svom dvorcu, delu svojih ruku. Zagledao kućicu, zagledao. Okolo, naokolo. Okolo, naokolo. Ostali, kao pratnja, za njim. Aa aaaaaaa. Divio se otac. Aaaaaaaaaaaaaa, divila se gomila. Svi su se divili. Stajali tako, dugo se divili. Malo ocu, pa malo kućici. Pa opet ocu, pa opet kućici. Moj otac rastao, veeliki poras'o.

Mene niko nije primećivao.

Zatim je otac održao skroman govor: kako je sekao, kako je deljao, kako je sastavljao, kako je farbao, kako je... Nastala pauza, kratka, zatim iskreno, spontano divljenje. Gomila shvatila, značaj drvene kućice. Govornik se raspoložio, opustio, posle napornog rada, društveno značajnog, pa ponovo: sve od početka. Kako je sekao, kako je sastavljao, kako je deljao, kako je farbao, kako je... kako je...

Mene niko nije gledao.

Zatim su ljudi otišli. Ostali sami, majka i otac. Ispred kućice. Majka je kazala: „Ova kućica je lepša nego tatina, u Cvijićevoj! Boga mi, majke mi! Ti si tako snažan, sposoban, pravi umetnik!" Od tolikog divljenja otac postao spomenik. Nije više mogao ni da raste, toliko je poras'o.

Majci se oči ovlažile. I oko nje, sve bilo tako vlažno. Lepljivo. Pihtijasto. Ta me vlaga podsećala na nešto, vrlo poznato. Nisam mogla da se setim, šta.

Lagano se prišunjavala ocu, korak po korak. Njena ruka krenula prema očevom obrazu, zatim joj telo pošlo za rukom. Dotakla oca. A moj otac, spomenik, usred naše zelene bašte. Visok i nepokretan, leden i mračan. Majka već čitavo telo oslonila o njega. Na njenoj beloj, tankoj bluzi, kao dva dugmeta, iskočile bradavice. Iz džepa izvukla malu, zrelu krušku „Uzmi", kazala. „Zar nije lepa", ponudila ocu, „Uzmiii", ponizno molila. Kruška se zarumenela kao mlada. Htela da stoji na očevom dlanu, da je dotaknu njegovi prsti, da klize po njenoj glatkoj površini.

Spomenik nije pogledao krušku. Buljio u svoju veliku, drvenu, crveno-zelenu igračku. Samo ispružio ruku, dohvatio voćku i: njam! Njegovi zubi zarili se, kroz glatku površinu, pocepali mekanu kožu, sve do kruškinog mesa. Sok potekao niz očeve prste.

On prste obrisao o pantalone.

Kruška je bila gotova. Sažvakana. Svarena.

Majka je pitala: „Je l' bar slatka?"

Otac kazao: „Kruška ko kruška!"

Negde, kroz zavesu, iz mraka, tužno su posmatrala bakina dva oka. Kapija se otvorila. Ušla je Vera. Nosila veliku teglu meda. Prigrlila je obema rukama.

„Da ti pomognem!" uplašeno poskočila moja majka.

„Ne treba", kazala Vera i spustila teglu meda na prvi stepenik.

„Šta je ovo?" pitala, kad je videla kućicu. Jako joj se dopala. „Vidiš valjda, šta je", brzo kazala moja majka, htela što pre da otera Veru u kuću, „kućica! Nije slon!" I sa strahom gledala pravo u mog oca.

Vera se popela na prvi stepenik.

„Ja odoh, suzdravlje!" kazao siledžijskim tonom moj otac. Ali, ostao ukopan u mestu. „Dobro, idi", kazala moja majka, ali je otac i dalje stajao iako ga niko od nas nije zadržavao.

„Kad vidim ovu kučku, život mi se smuči!" gledao moj otac Veru, a te teške reči, kao kamenje, padale po glavi moje majke. Počela je da drhti, tako ga se plašila. Tog džina-kukavice.

„Kome to kažete, doktore?" lagano je Vera nogom pomerila teglu s medom. Tegla se smestila u dnu stepenika.

„Da kušuješ, jesi razumela!" zagrmeo moj otac. I pre nego što je bilo šta mogao da doda, Vera mu, kao mačka, skočila u oči. Skočila gipko, lako, kao da je celog života samo skakala muškarcima u oči. Njeni crveni nokti ostavili krvav trag po očevom licu. Otac se uplašio, pokrio glavu, gurnuo Veru. Vera pala. Moja majka pokrila oči. Nije se ni pomerila, da odbrani sestru. Na terasu izišla baka, podigla ruku, pokazala pravac mom ocu: napolje iz ove kuće.

„Ovo nije kuća, ovo je kupleraj!" hteo otac da uništi moju baku. Baka je vrisnula:

„Napolje iz kupleraja!"

Otac izleteo. Ostalo mu samo da tresne kapiju. To i uradio, zamalo kapija da izleti iz šarki.

Dok je baka klečala na stepeniku i krpom brisala staklo, med i krv, moja majka jecala u roze fotelji i šaputala:

„Ona je kriva, zašto se kačila prva!"

Baka je uzdisala: „E, moja Leposava, našla si muža zgodnog, lepog, visokog, oben huj, unten fuj!"

Došla je Vera, s tri kopče na oku. Zagrlila baku: „Pocepao mi arkadu", kazala, „lassen wir das, Mutti, ko je on da se ti sekiraš zbog njega!"

Baka joj nije ništa kazala. Samo me krišom pogledala.

Te večeri, deka je bio jako nežan. Držao me na krilu, cupkao, cupkao, pevao mi:

„Juče, prekjuče, rodilo se čivuče, plače, jauče, da gu kupim papuče..."

„Matori!" ukočila se baka. „Ti luta, ti blesava! Šta to pevaš detetu!"

Deda se smejao, kazao: „Faniiii, pobogu, nije okupacija! Otišli su tvoji!"

„Moji!" zacrvenela se baka.

Deda je zezao baku.

„Cucaš, po srpski, a?" kazala baka.

Deda me cupkao i dalje, pevao na sav glas: „Plače, jauče, da mu kupim papuče, da mu kupim papuče!" zastao, pomilovao me, dodao: „i ja ću gu kupim!"

Baka me otela od dede, uhvatila za ruke, vrtela po sobi, čas na levu, čas na desnu stranu. „Pevaj sa mnom, mucili", kazala „pevaj!" pa smo se vrtele, vrtele, sve pesme sam zaboravila vrteći se, tako, s bakom u krug. Pevale smo:

„Liebe Schwester komm zu mir..."

„Kavijar... i strah!" kazao deda i ugasio pikavac, „daj mi, Fani, sodu bikarbonu", zamolio.

Baka me pustila. Sela sam nasred sobe. Sve se vrtelo oko mene. A reči: „liebe Schwester komm zu mir", zavrtele mi pamet.

PACIJENTI

Oca dugo nisam videla. Zaboravila sam kako izgleda.
Krov kućice izbledeo od sunca.
Majka je danima pla..., ne! Ona je danima, zatvorena u mrak crne trpezarije, kmečala. Ali niko nije obraćao pažnju na nju. Deda je često pio bikarbonu sodu. Baka četkom ribala drveni pod u sobi. Klečala, zamakala četku u sapunicu i: drn, drn, drn. Tamo, vamo. Pa opet zamoči, ispere četku, drn drn drn. Onda je, kao pauk, velike rupe na dedinim čarapama zatvarala gustom mrežom. Skakutala iglom, s jedne strane na drugu, nit se zatezala, mreža bila sve gušća, neprobojnija. Uhvatiće, kao muvu, dedinu nogu. Na staroj singerici, koju joj kupio još otac Jakov: „Pre Prvog rata, u velikoj robnoj kući, u centru Dresdena", hvalila se baka dobrim kvalitetom svoje mašine i šila: taka taka, taka taka, dekoltovane haljine za Nadu, široke suknje za Veru, zimske pelerine i šešire za moje lutke, prepravljala stare šešire koje su nagrizli moljci.
„Filc je skoro nov, očuvan", govorila i pravila toke i kapice. Meni šila svilene spavaćice obrubljene raznobojnim trakama i čipkom. Mojoj majci ni-

šta. „Ne uglavi nikad rukav kako treba, bora se, ružno stoji", govorila moja majka i nosila materijal krojačici. S proleća i u jesen, baka je odlazila u posetu kod Jolanke, u Suboticu. Sa kumom Jolankom, u dvorištu punom lala i narcisa, u beloj pletenoj stolici, uz rasporenu lubenicu prepunu mađarskog šapata umesto košpica, oživljavale njih dve prošlo vreme. Na Jolankino lice vreme posejalo mnogo krupnih i sitnih bora. Lice moje bake vreme jedva dotaklo, ostavilo joj samo lepotu. Jednom baki, dok je sedela na hoklici u dnevnoj sobi i krpila dedine čarape, stigao telegram. Doneo ga poštar Perica.

„Pročitaj mi, molim te", zamolila baka Pericu, „nemam naočare". Perica otvorio telegram, preleteo očima:

„Ne umem, frau Fani, piše šiptarski."

Baka ustala, preturala po kuhinjskom kredencu, otvarala jednu po jednu fijoku.

„Veca mi i naočare pokupi!" kazala, pronašla neke napukle naočare.

„Veca za vas i gleda", našalio se poštar Perica.

„Da!" kratko procedila baka, stavila naočare, kazala: „Mađarski piše, Perice. Mora da me Jolanka zove u goste." Uzela telegram, približila ga očima, letela po njemu. Letela, letela, kao da nije verovala ono što vidi.

I kao kad iznenada nestane struje, tako se bakine oči ugasile. Spustila telo na hoklicu. Telo joj plakalo, mnogo gorko. Strašno. Kad je deka došao, šapnula sam:

„Umrlo joj njeno Jolankabo."

Deda klekao pored hoklice na kojoj je baka sedela, uhvatio baku za ruke. Ljubio ih. Ljubio. „Vrati se, Fani!" molio.

Nada pevala kompozicije Belog Ilića sa svojim društvom: „Sa starog tornja, kad blagi zvona glas oživi vremena prošlog čas, jato se snova kroz suton blag u svet vine, srcu drag. Kad padne mrak obuzmu me uspomene davne..."

Kad se društvo oko klavira rasturi, Nada se zatvori u svoju sobu, roze boje: roze zidovi, roze fotelje, tri roze ormana, roze klupa, sto, samo je kauč bio druge boje. Društvo joj pravili „njeni aktovi" pakosno je siktala moja majka, hamer papir se u Nadinoj sobi tako namnožio da od njega nije moglo da se prođe.

„Kakvi akrepi, goli muškarci! Šta se meni na njima toliko dopada!" čudila se Vera samoj sebi. Kad Nada nije bila kod kuće, Vera krišom uzimala po nekoliko tabaka hamer papira i bacala ih u šporet, za potpalu. Cepkala ih, cepkala, po nekoliko ljudi odjednom, stalo u šporet. Kresnula Vera, zapalila ih, duvala u vatru.

„Kakvo je sranje ovaj život!" govorila i dugo gledala kako vatra guta gole muškarce.

„Vera!" opominjala je baka, „du sollst nicht vor dem Kind sprechen!" kazala. „To nije tačno, život nije sranje!"

„Kakvi su gadovi bili ti Nemci!" kazala Vera i tresnula vratanca šporeta. Izišla u dvorište, cepala drva za potpalu, tako udarala da je drvo letelo na sve strane.

„Je l' ti sad lakše?" pitala baka. Smejala se Veri.

Crveno-zelena kućica, već malo izbledelog krova, stajala u dnu našeg dvorišta, blizu jorgovana.

„Baš liči na Trojanskog konja", ponovio deda. Retko kad je grešio.

„Ima sve, sav komfor koji se poželeti može, a ti ne voliš da se igraš u njoj, baš si razmažena!" govorila moja majka i uzdisala. Za ocem. „Tvoj tatica..." ali nikad nije uspela da dovrši rečenicu. Verin je pogled oštro prekidao. Ili je bakin pogled, momentalno ućutkivao. Ili joj, naprosto, svi okretali leđa.

Retko sam ulazila u kućicu. Nije me privlačila. Ali drugu decu, iz naše ulice, još kako jeste. Virila su, kao miševi kroz rupe u tarabi, sa svih strana. Virila kroz šiblje, kroz kapiju. Divila se velikoj drvenoj igrački, mog oca džina-kukavice.

„Kako su slinavi i prljavi", čudila se baka, „ajde, idi kući, obriši sline i umi se, pa dođi!" Slala decu kući, da se peru. „Odma bi to htelo u kuću, a ne ume da se ponaša ni u kolibi!" čudila se baka. „Ovo ima samo na Balkanu."

Svetlana je postala moja najbolja prijateljica. Naravno, zbog kućice. Prvo je virila kroz tarabu. Potom, mahala rukom. Pa se osmehivala. Nudila me svilenim bombonama. Kad nisam htela svilene bombone, preskočila je tarabu. Kućicu nije ni pogledala prvih nekoliko dana, kao da nije postojala.

Zatim, pitala me, šta je to, nasred dvorišta. Kazala je: „Al' je smešna!" Zatim je pitala može li da vidi. Kad je dobila dozvolu, zamolila za ključ, otključala vrata, ušla, zaključala se i dobacila, lako, jednostavno:

„Ključ će da bude kod mene, od danas!"

„Je l' treskaš kapiju i u svom dvorištu?" pitala baka Svetlanu kad je ova zalupila pred nosom komšinici Leni, debeloj ženi Joce obućara. „Može Lena da pomisli, da je ne volim!" sekirala se baka.

„Nemam kapiju. Mama radi ceo dan, tata samo ponekad dođe, ja i kuvam!" hvalila se Svetlana.

„Šta umeš da skuvaš?" htela baka nešto da nauči od Svetlane.

„Umem sve: i paprikaš, i paradajz čorbu, i kupus."

„Zaista, umeš sve! Kao i tvoja mama!" kazala baka.

„Da!" Svetlana bila ponosna.

„Bravo!" kazala baka.

Posle izvesnog vremena. Svetlana je otvorila lekarsku ordinaciju u mojoj kućici. Umela je, zaista, sve.

Od ranog jutra, oko kućice, skupljali se pacijenti. Doktorka se brzo pročula po čitavom komšiluku.

„E, sestro slatka, kakve su moje muke, kad bi samo znala..."

„A tek moje, kumo, doktorka mi poslednja nada."

„Ovuda me sve zateže, ovde probada, grdna li sam!" Žalile se jedna drugoj devojčice iz komšiluka. Tako male, a već kokodakale, kao kokoši.

„Muž me više ne gleda, crkli mi jajnici, a kad dođe kući pijan, pa navali..."

„Ne bi baš volela da sam u vašoj koži, kumo..."

„A meni nešto materica, izgleda, nije u redu..." Nastavljale šapatom, maloletne bolesnice. Već su imale i jajnike i matericu i pijanog muža.

Doktorka Svetlana imala i bolničarku. Ova joj čistila kućicu kad odu pacijentkinje, luftirala, pripremala lekove, prebrojavala dnevni pazar. Kod doktorke nije bilo džabe, čak i najteži slučajevi morali su da plate. Najteži slučajevi bili su oni, koji su imali najviše da plate.

„Hoćeš da budeš moja bolničarka?" pitala me Svetlana jednog jutra, pre nego što je otvorila praksu.

„Ja, zbog čega?" pitala sam.

„Otpustila sam onu lopovicu, stalno me potkradala. Neću nepošten svet u svojoj ordinaciji!"

„Dobro", kazala sam. Pristala. Zanimalo me, kako to Svetlana leči.

„Eto vidiš, kako sam dobra, mogla sam da zaposlim neku drugu, a ja sam uzela tebe!" očekivala Svetlana da joj se zahvalim što mi je dala službu.

„Veoma si simpatična", kazala sam. I prihvatila da budem radna snaga u svojoj sopstvenoj kućici koju mi, ne baš ni mnogo lukavo, oduzela doktorka Svetlana. Moj posao je bio da čistim ordinaciju, perem pod, skupljam štapiće, ispiram čašice, tj. instrumente, da mućkam lekove od sopstvenog materijala, da kradem materijal za lekove od moje bake.

„Uzmi od tvoje bake malo brašna!" naređivala mi Svetlana, „idi uzmi malo aleve paprike", zatim „idi donesi šećera". Ona nije donosila ništa od svoje kuće.

„Sutra donesi ti brašno, od svoje kuće!" kazala sam jednom, nisam htela više da potkradam baku.

„Svejedno je, od moje, il od tvoje kuće! Sad je komunizam, ti to ne znaš! Nisi nimalo politički obrazovana!" kazala mi Svetlana, bila četiri godine starija od mene, znala je, zaista, mnogo više. Naše pacijentkinje su je volele. Imala Svetlana „svoju klijentelu", kako je jednom kazala moja majka, za moju tetku, Veru: „Ima ta svoju klijentelu." Dok su čekale red, na terasi pred kućicom, devojčice bi se ponekad posvađale. Svaka je htela da uđe prva, da ostane što duže u ordinaciji i da bude najbolesnija. Bolesnija od svih ostalih.

„Šta si danas spremila za doktorku" radoznalo pitale jedna drugu. „Da viidim! U, moje je lepše!" kazala jedna.

„E, nije, nego moje! Ja ću da ostanem duže u ordinaciji! Bolesnija sam od teebe! Eto ti!"

„E baš nisi ti, ja sam", i reč po reč, reč po reč, pa se počupaju.

Tada bi gazdarica izišla iz svoje ordinacije, brisala ruke u mali peškirić, koji sam takođe ja drpila od bake, strogo kazala: „Ženice, mir!"

One seućutale, doktorka je zaista bila autoritet za njih.

„Vreme je novac", kazala, „ako mi smetate, ne mogu na miru da obavljam praksu, neću sve moći da vas primim!" Plašila ih. Utišavale se, postavljale u red, jedna iza druge.

„Bićemo tihe, čekaćemo red bez reči", šaputale.

„U redu! Da vas više ne opominjem!" i Svetlana je ušla u ordinaciju, naredila mi: „Molim vas, sestro, pozovite sledeću!" „Sledeća", kazala sam. I propuštala pacijentkinju u ordinaciju. Kad pacijentkinja uđe, vrata se za njom zaključaju. Iznutra. Tada pacijentkinja skida gaćice, seda na malu stoličicu na čijem naslonu je izrezbareno srce, širi svoje tanke nožice, čeka. Svetlana počinje da je pipka, da je dirka, da gnječi, da trlja. Neku trlja duže, neku kraće.

Pacijentkinje se: kikotale, ili bi ćutale, stenjale ili jaukale. Zatim bi Svetlana kazala: „Sestro, molim vas melem broj tri!" To je bila aleva paprika. Umočila bi štapić u alevu papriku razmućenu u vodi i štapić zavlačila među noge pacijentkinje, mazala je lekom. Zatim bi pitala: „Je l' bilo bolno?"

Svetlana je lepo zarađivala. Kiriju za ordinaciju nije plaćala. Svake večeri nosila je kući: okrnjene čašice, šoljice bez drški i sa drškama, tanjiriće, poneku vazu, sličice iz „životinjskog carstva", iskrivljene kašičice, klikere, lutke, bez ruku, bez nogu, bez kose, lutke s raščupanom kosom, gole, salvetu, našu ili stranu, zarđalu testericu, ofarbano jaje, jabuku, krompir. Jednom dala i meni: „Da se ne žališ kako mi radiš zabadava!" kazala.

„Šta je to, mucili?" smejala se baka, dok sam ponosno ređala zaradu po kuhinjskom stolu.

„Odakle ti taj ubuđali keks?" i baka bacila keks u šporet.

„Neee", viknula sam, „to mi je zarada!"

Baka nije dobro čula, razgledala je dalje: „A ova jadna lutka, gde su joj noge, gde su joj ruke?" Razgledala dalje: probušen dinar, pocepana salveta. Slatko se smejala.

„Šta si ti? Cigojner?" pitala.

„Ti luta! Ti blesava! To mi je zarada!" viknula sam „Zaradaa!" Baka se zaprepastila. Nije znala da sam zaposlena.

„A gde radiš, mucili, nisi kazala svojoj baki?"
„Radim kod Svetlane, bolničarka sam."
„A šta je Svetlana?"
„Doktorka!" kazala sam.
„U tvojoj kućici, ona je doktorka, a ti si bolničarka! Grucifiks!" naljutila se baka. „Pa, kako leči, šta im radi?"
„Dođi da ti šapnem!" I šapnula sam baki.
„Tako sam nešto pretpostavljala! Još i naplaćuje! Dobru je školu ona izučila, imala je i kod koga!"
„Pravimo lekove od tvog šećera, brašna i aleve paprike!" sve sam priznala.
„Zato mi kilo brašna traje samo tri dana! E, moj Veco, ludi Veco!"
„Je l' ti to mene zoveš?" upitao deda s vrata.
„Nisi ti jedini Veca u ovoj sobi", kazala baka i pogledala u mene.
Baka je sutra sačekala Svetlanu. Dok je ova otključavala ordinaciju, baka s prozora viknula: „Svetlana, dođi začas!"
Pacijentkinje već napunile drvenu terasu. Zauzele red.
Dok je odlazila, Svetlana pogledala po zaradi: svašta su danas spremile, da nagrade svoju doktorku. Kad je Svetlana izišla iz naše kuće, nije ni pogledala svoje pacijentkinje. Sagnute glave, šmugnula pravo na kapiju, pa: briis, na ulicu.
Nikad nisam saznala šta je baka kazala Svetlani. Ali kad bi nas videla kako idemo ulicom, baka i ja, Svetlana je prelazila na drugu stranu, plezila mi se, da baka ne vidi. I nestajala.

UDVARANJE

Otkad je otac prestao da dolazi kod nas, u Garašaninovu, majka nikud nije izlazila. Legala uveče sa mnom u krevet, čitala mi priče. Čita, čita, pa nestane, ostavi samo telo, kao da ga neko bacio na đubre, tako je to jadno, malo telo ležalo po krevetu. Nikom potrebno, napušteno. Oči joj se zatvore, usta se otvore, iz grla iziđe jedno: hrrrrrrr. I moje majke nema. U krevetu, do mene, ostane neko tuđe telo. Iz majčinog omlitavelog, napuštenog tela, tekao je glas kao tanak mlaz vode koja će svakog trenutka da presuši. Glas donosio nerazumljive, nebulozne slike, koje nisu imale nikakvu vezu sa pričom koju mi je majka čitala iz knjige.

„Izgubićeš glas!" grubo sam gurnula majčino telo. Osluškivala. Glas tekao sve tanje. I tanje. I tanje. Ličio na nit koja se prekida. Prozirnu, svetlucavu, sa kojom, kad se otkači od svog izvora, majčinih usana, otkačinje se i sam život.

„Najlakše je biti mrtav, samo jedno nečujno kvrrc!" imala je baka običaj da kaže. Sad sam tek, razumela. Jeste, najlakše je.

„Probudi se!" gurnula sam majku još jednom. Majčino telo se trglo. Glas zakrčao, prekinuo se.

„A... štaaaa... moliiim?" izišle iz majke potpuno nove, uglancane, jasne reči, kao iz puceraja. Zatim me pitala normalno: „Zašto me buudiš?"

„Zaboravila si da poneseš svoj glas, sa sobom!" kazala sam joj.

„Opet nešto izmišljaš", kazala, pokrila me. „Odmah da si zaspala!" okrenula se na drugu stranu, da bolje zahrče. Ovoga puta, hvala bogu, iz nje izlazilo samo: hrrr, hrr, hrr.

Jedne noći, neko zviznuo pod prozor. Pa kucnuo o sims. Majka je hrkala slatko: hrrrrrrrrrrrrrrrrr hr. Zatim je neko šapnuo majčino ime: „Leposava!", pa još glasnije „Leposava", zatim naredio „Leposava!" Kad je čula naredbu, majka se trgla, promrmljala: „Gde sam opeeet pogrešila!"

„Neko je pod prozorom!" kazala sam.

Majka se probudila, sela na krevet „Pozvaću tatu", uplašeno kazala.

Glasno sam rekla: „Mislim da je to tvoj muž." Tiho sam dodala: „Budalo!"

A moja majka, onako sanjiva, preskoči svih osam metara širine, čitavu sobu u jednom skoku i zaustavi se na prozoru. Leže na otvoren prozor. Ovaj je prepolovi, jedan deo na ulici, jedan ostao u sobi.

Moj otac, dole, pod prozorom, ceo, u jednom komadu. Nije se ni lomio, ni prepolovljavao.

Kad se vratila u krevet, skoro svanulo. Već se i gugutke probudile: gu gu gu. Širom otvorenih očiju, blenula u plafon. Možda i gugutala, da ja ne čujem. Milovala me po kosi. Sve dok joj baka nije donela kafu u krevet.

„Odakle ti toliki podočnjaci! Pobogu dete, zašto mu dozvoljavaš da te uništava!" pitala je baka. Uvek je sve znala.

Kucanje o prozor postalo je češće. Skoro svake noći. Jednom sam čula razgovor:

„Ne, ne smeeem. Ne smem! Može neko da me vidi, pa da kaže tati!"

„Pa šta, neka mu kaže! Ti si moja žena!" uleteo glas u sobu, kao vetar, zavese poletele čak do plafona. „Ajde, dođi kod mene!" ponovio glas.

A neki deo, onaj nevidljivi, već iskočio kroz prozor, samo što se nije čulo: tup, kako je majka pala, ocu u naručje. Ostalo opet ispražnjeno, samo, majčino telo, oslonjeno o ragastov. Držala se za daske prozora, kao za pojas za spasavanje. Preslišavala se naglas: „Tata bi me prezreo, pljunuo bi me posred lica, odrekao bi me se!"

Zamišljala je moja majka šta bi sve moglo da se desi ako popusti pred agresijom glasa, pa spusti i svoje telo dole, preko prozora.

„Kakve to gluposti govoriš!" grmeo glas pod prozorom.

„Kakve ti gluposti praviš!" odjednom majčin glas doleteo majci u pomoć. Bio je odlučan. „Znaš dobro", kazala majka i uspravila se iznenada. I onaj nevidljivi deo, doleteo iz očevog naručja, natrag, u majčino telo. „Da ne nabrajam, molim te, to me zamara!" kazala majka. Više nije bila prepolovljena.

Glas pod prozorom usitnio: „Zar sam ja kriv što je tvoja..." moja majka presekla rečenicu nožem: „Moju sestru da ne dotakneš! Jesi razumeo!" kazala.

Glas nestao. Ili se pripremao za novi napad.

„Uostalom", dodala majka, „moj otac je tebe iškolovao, šta hoćeš, sad si doktor, idi, niko te ne zadržava!" Majka je stajala uspravno.

„Hoćeš da kažeš da sam nepošten?" klečao glas džina-kukavice pod našim prozorom.

„Još uvek nije kasno, pođimo svako na svoju stranu", kazala moja majka, ali se u njoj nešto prelomilo. Prslo. To osetio glas pod prozorom, bio veoma lukav.

„Ti si moja žena, ja drugu neću!" kazao moj otac, izletela mu, nepažnjom, misao iz glave: „ta njena sestra, propalica, kako je samo napumpala!" Od te misli, tresnuo prozor: treeees.

„Počinje košava!" kazala moja majka.

„Ništa ne počinje, ostani gde si!" opet je počeo da naređuje glas.

„Je l' ti to meni naređuješ?" primetila majka.

„Ja nikom ne naređujem. Ako hoćeš, ostani, ako nećeš, ne moraš!"

„I neću! Ti me ne izdržavaš, otac me izdržava! I mene i moje dete", dosetila se moja majka. Opet se pribrala, ili je to iz nje govorila Vera. Sakrila se, pa joj šaputala.

„Taj nikog ne voli! Taj tvoj otac! Jedino sebe!" ubacio glas svoj poslednji argument kroz prozor, kao kamenicu. Udario moju majku posred čela.

„Šta kažeš! Kako se usuđuješ!" siktala je Vera kroz usta moje majke. „Ti, za nekog to da kažeš! Ti, za mog oca! Ti! Odakle ti pravo!"

„Imam pravo! Je l' se sećaš, kad su ono Faniku odveli u Gestapo?"

„Sećam se, pa šta s tim?" pitala moja majka.

„Sedeo na stolici kao da se ništa nije desilo. Kao da se ne radi o glavi njegove žene!" ubeđivao glas moju majku, „palio pikavac o pikavac, a prste nije izgoreo! Glumac! To je tvoj otac. A kad je Fanika došla, nije se ni pomerio, samo kazao: Ajde Fani, skuvaj mi jednu kaficu!" Završio glas.

Moja majka odahnula. „Pa šta s tim!" kazala.

„Fanika, jadnica, sva izmrcvarena, preplašena, nije u njoj bilo ni kapi krvi, ja sam njoj hteo da skuvam kafu toliko mi bilo žao! A on, jok, skuvaj, pa skuvaj. Dok mu je kuvala kafu, sve su joj se ruke tresle!" presamićivao se glas, skupljao poene za sebe.

„Mnogo si ti osećajan!" prekinula ga majka, „mnogo ti žališ moju majku, nemoj, molim te!" oduzela mu sve poene, što ih sakupio, „nemoj opet da počinjemo!"

„Dobro!" kazao glas. Te večeri više nije pokušavao. Ali već sledeće: „Leposava!", opet je tiho viknuo. Pre nego što je moja majka ustala, u sobu, kroz prozor, uleteo buketić ljubičica. Moja majka ga, bosa, podigla, pomirisala.

„Oh, kako divno mirišu!" kazala za sebe. Provirila kroz prozor: „Jesam ti kazala da mi više ne dolaziš!"

„Hteo sam da vidim šta radi dete!" umiljavao se glas.

Deca su najveći jadnici na ovom svetu, pomislila sam, ona zaista nikom ne trebaju! Samo lažljivcima i kukavicama, da ih upotrebljavaju, u svoju korist. Uzdahnula sam, pokušala da zaspim. San me grubo odbio.

„U ovo doba dete spava!" strogo je kazala moja majka.

„A ti, inače, kako si!" cijukao glas.

„Hvala, dobro sam!" Pa reč po reč, pa reč po reč, reč po reč. Opet počeše da razgovaraju. O detetu, o poštenju, o ljubavi, o ljubičicama, o poslu, pa stigoše: do mog dede.

„Sve ja znam, sve!" glas je bio u svom elementu.

„Nećeš o njemu ništa novo da mi kažeš!" kazala moja majka. „Zašto uživaš u tome, da blatiš mog oca?" opet se čudila, „ostavi ga već jednom na miru, šta ti je skrivio!"

„Taj je voleo samo svoje konje. I nikoga više!" opalio glas svoj poslednji metak.

„Juuuuuu", nasmejala se moja majka!

„Ovo je nova priča! Za Fanikom nije plakao, kad su je odveli Nemci, al' zato, kad su mu Rusi ono, četrdeset pete, iz Cveletove štale u Velikom selu, odveli svih pet trkačkih konja..."

„Znam dobro i kad su ih odveli i odakle!" kazala, iščekujući glavni deo priče, moja majka.

„Zavukao glavu tvoj otac Veca, u jasle, mislio da ga niko ne vidi."

„Baš njega briga, da l' neko vidi, il' ne vidi!" pobunila se majka.

„Jecao, jecao, svo seno bilo mokro!" kazao otac.

„Kako znaš da je bilo mokro?" pitala majka.

„Pipnuo sam!" kazao otac, „zar je to neki čovek, da plače za konjima, a za ženom, jok!"

„Ti to ne razumeš!" kazala moja majka.

„Kad za tvojom majkom nije ni suzu pustio, kako bi tek bilo, za tobom! Ne bi mu se ni brk pomerio!"

„Mene niko nije odveo, zdrava sam i prava! Sem toga, za konje je dao pravo bogatstvo, bili su uvek pobednici, njima se ponosio, a ćerkama, boga mi, nije! Ćerke mu nisu osvetlale obraz!" kazala moja majka, pokajnički.

Glas pod prozorom zahuktao, već se peo nekud, uzbrdo, od vrha nije hteo da odustane, kazao: „Uzeli su mu četiri automobila za našu vojsku, u ratne svrhe, nije ni trepnuo, sve će to narod pozlatiti kazao, i otišao u 'Moskvu'. Kao da mu je neko maramicu uzeo. Uzeli su mu dve kuće, ni tada nije trepnuo. Al' za svoje konje, lio je potoke suza!" Glas je završio: „Shvataš li šta to znači?" stavio tačku.

„Ne shvatam!" kazala mirno moja majka.

„Tvom ocu konji znače više od rođene dece!" zagrmeo otac.

„A šta tebi znači sopstveno dete! Kad si se ti, pa, potrudio, da stvoriš nešto svom detetu!" tužno kazala moja majka. „Ti nećeš mog oca nikad razumeti, iz drugog vica si, iz druge kulture!" kazala majka, šapnula „nekulture"!

Glas ćutao. Bio pod prozorom. Ali ćutao. Zatim je opet, jedna velika kamenica poletela u naš prozor.

„Kobili je dao lepše ime nego ćerki!" kazao moj otac.

„Ha ha ha ha ha ha ha!" smejala se moja majka. „Gde je mama, da ovo čuje!" Pa opet: „Ha ha ha ha hi hi hi hi!" „Kako to misliš, lepše ime?" pitala, kad se ismejala.

„Zar Melisanda nije lepše ime nego Leposava! Otmenije!" kazao glas.

„Šta fali mom imenu!" pitala majka.

„Šta fali!" smejao se glas. „To je jedno od najprostijih imena koja sam ja čuo!"

„A koje je ime bolje, za tebe?" pitala majka.

Mislio se glas, kazao: „Žena treba da se zove Mirjana ili Živana, može i Milojka, to je lepo, divno ime!" divio se moj otac poslednjem imenu.

„Kao tvoja majka, Milojka! Ma nemoj!" kazala moja majka i bez „laku noć", zatvorila prozor.

MOJ OTAC IGRA ULOGU

Jedno vreme, niko nije zviždao pod prozorom naše crne trpezarije. Nije kuckao, nije ubacivao ljubičice, nije šaputao: „Leposava, Leposava".

Ali, iznenada, jedne noći: „Leposava!" glas zapevao pod prozorom kao da je to ime bilo najlepše ime na svetu. Deka je bio na putu, Vera u kafani, moja baka spavala sasvim u drugom delu kuće. A moja tetka Nada, e... kod nje se ništa nije znalo!

„Lepa!" nežno ponovio glas, a moja majka navukla kućni ogrtač preko spavaćice, izišla na prozor:

„O...", kazala. „Dobro veče, profesore!"

„Doveo sam ti gosta!" ponosno saopštio glas. „Otvori glavna vrata!"

„Samo izvolite", kazala moja majka i pošla da otključa glavna vrata i dvorišnu kapiju.

„Kakve su to prostačke posete, usred noći", kazala sutra ujutru baka kad sam joj ispričala da je moj otac doveo profesora, „nije imala čime ni da ga posluži!" sekirala se baka, uvek je goste domaćinski pogostila.

Gosti su ušli. Moj otac nasmejan, nisam ga prepoznala: „Dežuram noćas, a profesor došao da me obiđe!" kazao i otkopčao beli mantil.

„Izvolite, sedite, profesore!" ponudio profesora, kao da je to njegova kuća. Ponašao se domaćinski, kao moj deda. To i nije bio moj otac, to je bio moj deda.

„Hoćete nešto da popijete?" Majka poslušno trčkarala, otvarala crni kredenac.

„Šta ima u kući, da se popije?" strogo pitao otac.

„Ne znam..." pravdala se majka, zavirivala u kredenac, vadila flaše, jednu po jednu, nudila, izvadila čaše, natočila, poslužila.

Dekin glas, gostoljubivo, čisto, veselo, brinuo oko gosta. Dekin glas, u telu mog oca.

U našoj crnoj trpezariji bilo je dosta slika. Profesora su slike veoma zanimale. Poklonio mojoj majci album svojih akvarela. „Pošto volite umetnost", kazao profesor, napisao posvetu i dao joj. Majka prelistavala, divila se.

„Kako da primim ovako dragocen poklon", snebivala se. Pa uzela album i sutradan se hvalila pred Verom i pred Nadom.

„Ovo je Kolesnikov!" pokazivao moj otac slike profesoru, kao vodič u muzeju.

„Kolesnikov je malo melanholičan za moj ukus", a moja majka zamalo da kaže:

„Tata, nemoj tako!", u poslednjem trenutku se predomislila, ugrizla za jezik, zaprepašćeno pogledala u oca, kazala: „To isto misli i moj otac o Kolesnikovu!" I ostala potpuno zbunjena.

„Degustibus non est disputandum", kazao profesor i dugo gledao tužno, golo drvo, pokriveno snegom, „treba malo bolje da je osvetljena ta slika!", kazao mom ocu.

Moja majka pogledala oca, nasmejala se. Otac se pravio lud. Igrao ulogu dalje. Rešio, izgleda, da je igra do kraja. Kao svaki dobar glumac, nije sumnjao u svoj talenat. Naprotiv.

Ovo što vidim, ponavljala sam u sebi, to je pravo pozorište. Deka mi pričao kako je i on, nekada davno, bio glumac u putujućem pozorištu, po srpskim selima, igrao Stanoja Glavaša. Kad je mogao moj deda, može i moj otac. Stanoje Glavaš ili moj deda, svejedno, uloga je uloga. To ne sme da me zbuni, ne sme da me plaši, hrabrila sam sebe. Bilo tu nešto, ipak, nelogično. Moj deda je bio glumac na pravoj pozornici, pred silnom, brojnom publikom, a moj otac napravio pozorište u našoj sobi, samo zbog moje majke. Pomislila sam i silno se uplašila. Nije mi trebalo mnogo!

Predstava je tekla: „Ovo je Soročinski sajam... Donski kozaci... Moji konji u galopu!"

Glumac je napravio grešku, publika nije primetila. To: „moji konji", majci promaklo. Otac osetio da je preterao, pročistio grlo, pogledao po publici i nastavio bez straha:

„Gravire Istambula... Herceg Novi... portre..." Zatim je nastala velika pauza, publika pogledala u glavnog glumca, moja majka iščekivala, otac je teško izgovorio:

„Portre mog tasta Vece!" Na trenutak ispao iz uloge, seo, zavukao prste u kosu, naredio: „Sipaj mi, Lepa, čašu vode, žedan sam!", pa se trgao, osvestio, shvatio da je na pozornici, da su reflektori upaljeni, oči uprte u njega, da publika čeka nastavak. I terao dalje, nastavio s glumom.

Profesor je s interesovanjem posmatrao portre mog dede. Pogledao u oca, pa u sliku. Pa opet u oca, pa u sliku. Otac, otvorenih usta, očekivao.

„Ima neke sličnosti!" kazao profesor, moj otac odahnuo, moja majka zasijala. Profesor kazao:

„Izuzetan duh, zanimljiva ličnost, cenjen čovek!"

„Hvala", kazao skromno moj otac.

„Profesor to, za tatu!" dodala moja majka i uhvatila mog oca ispod ruke. Oca ili dedu, to nije bilo važno. Spojila ih, konačno, u jednu ličnost.

Otac poveo profesora do sledeće slike: „Ovo je Odesa!" kazao.

„Bio sam tamo! Babelj nije izmišljao, dodirnuo fantastiku u ljudima, majstorski!" kazao profesor.

„A kad sam ja bio u Odesi..." kazao moj otac. Moja ga majka pogledala:

„Kad si ti bio u Odesi?"

Otac je pogledao, shvatio, sad već može da kaže šta god hoće, pa kazao: „Da, kad sam ja bio u Odesi!"

Oboje se nasmejali, i moja majka i moj otac. Jedino profesor Dvorniković nije. Meni taj smeh bio lep, veseo. Iako sam znala, nije istinit.

„I, šta je bilo kad si ti bio u Odesi?" još uvek se smejala majka.

Otac promenio žanr, zaigrao komediju. „Komendiju" kako bi kazala moja baka.

„Posetio sam pijacu lekovitog bilja", kazao. Zatim je zasmejavao majku i profesora. Ponavljao dekine priče, dekine avanture, prepričavao dekina putovanja. Gluma mu išla od ruke. Čak bi se i deka zabavljao, da je bio tu. Od salvete na stolu, otac napravio leptir mašnu, zakačio značkom o svoju kragnu. Da bude sve isto, kao kod dede, čak i kostim. Otac je predstavu doveo do vrhunca kad je kazao: „Četrdesetpete godine, po oslobođenju, kad je kroz prozor, u našu trpezariju ušao jedan Rus..." zatim je pogledao u moju majku, smejao se, kazao: „Stajao sam baš ovde, na ovom mestu, Vera do mene..."

„Čekaj malo!" kazala moja majka, „tu je stajao tata, ti uopšte nisi bio kod nas, tada!"

Otac se smejao, smejao, naterao majku da se i ona smeje. Nije znala zašto, ali se smejala za njim. Tek kad je smeh, kao neprijatelj, potpuno razoružao moju majku, otac kazao: „Pusti me da na miru odigram ulogu, do kraja. Kad ja lažem pred profesorom, laži i ti!"

„Lažeš ti pred samim sobom, lažeš i sebe i moju ćerku. A za profesora te baš briga, on u ovoj predstavi igra epizodu!" kazala bi baka da je ovo čula. Srećom nije.

„Ho ho ho, hi hi hi, kakva groteska! Kakva divna, slobodna interpretacija!" smejao se profesor.

„Ki ki ki, ki ki ki", tapkala za profesorovim smehom moja majka. Njen smeh govorio, da joj, ipak, nešto nije jasno.

Oca više niko nije uznemiravao. Do kraja predstave mogao je, bez cenzure, da improvizuje, šta god je hteo. Nastavio je: „Zdravstvuj, baćuška, nu... kak u vas? Pažalsta, u nas dobro. Pa uvatim Rusa pod ruku, vodim ga od slike, do slike. Kažem, Soročinski sajam, baćuška, mi ljublju vas, Ruse, ponimaješ! Rus se vrti, gleda naokolo, nešto traži. Tak, kaže. Pa strpa u džep Fanikinu srebrnu pudrijeru. Ovo Donski kozaci, prijatelju, kažem, a on, tak! Pa strpa u džep srebrnu vazu. Trpao, sve dok Vera nije ušla, osmehnula se, udarila rukom o sto: 'Hoćeš votku?' upitala ga. Naravno da je hteo. Nada otpevala kazačok, Lepa je pratila na klaviru. Zabavljale ga njih tri, a kad je trebalo da pođe, Vera pitala: 'Ko će sve ovo da plati' I izvukla mu sve što je potrpao u džepove: 'U ovoj kafani nema zabadava'. Ispratila Rusa, opet kroz prozor, kako je i ušao..." završio moj otac priču. Majka potvrdila:

„Tako je bilo", kazala. „Vera ume da se snađe, talenat je nasledila od tate!" I duboko uzdahnula.

Počela sam da dremam. Njih troje se lepo zabavljali.

Kad sam otvorila oči, još su bili tu. Profesor Dvorniković i moja majka pijuckali, pričali o: Isusu Hristu, Jevrejima, srpskoj vojsci u prvom ratu. Profesor izvukao jednu knjigu iz police iznad kreveta, kazao:

„O, kakvo divno, retko izdanje!"

„To nije ni petina naše biblioteke, mnoga retka izdanja stradala su u ovom ratu. Nemci su ložili naše knjige nasred ove sobe!"

„Nemci?" začudio se profesor. „Zar vaša majka, Nemica, nije mogla da spase knjige?"

„Moja majka!" nasmejala se moja majka. Napravila pauzu, zatim kazala: „Bila je za njih izdajnik, komunistički agent! Mana, Cvajga, Marksa! Sve su to spalili. A kad su došli naši partizani, i oni su palili izdajničke knjige, kažnjavali kuću u kojoj živi Švabica, palili sve što je ostalo, na istom mestu ložili vatru", moja majka ustala iz crne trpezarijske stolice, podigla tepih. „Pogledajte, ovo je od lomače na kojoj su gorele knjige!" pokazala profesoru nagorele daske poda, pod tepihom. Tako stradalo mnogo retkih, starih knjiga, na nemačkom, češkom, srpskom, na lomači su goreli Man i Gete, Cvajg i Marks, Šopenhauer i Niče.

„Žalosno", kazao profesor, „ali takav je rat! U ratu nema etike!"

„Nema ničega, osim smrti!" uzdahnula moja majka.

„A Rusi, kako su se oni ponašali?" pitao profesor.

„Pili su votku, pa alkohol, benzin, bilo šta, odnosili sve što im dođe do ruku, nisu bili nesimpatični!"

Mom ocu bilo dosadno, odigrao svoju ulogu do kraja. Bio je iscrpen, hvatao ga san.

„Hoćemo li, profesore? Zaspaćete u toj stolici, moraću da vas nosim..." kazao profesoru.

Ovaj uopšte nije bio umoran. Naprotiv.

„Još maalo!" javila se moja majka kad je profesor hteo da ustane. „Dopada mi se da razgovaram sa vama", kazala profesoru.

Otac mi prišao: „Mucili, kako si!" pitao me. Zatvorila sam oči, zavrljačila kamenicu prema očevom bezobrazluku. Sa mnom tako nije smeo. Kamenica ga je dokačila, kazao: „Ljuta si na svog tatu?" Ustao. „Idemo", rekao profesoru.

Ustao i profesor: „Kakva divna spavaća košulja, obrubljena čipkom!" Primetio profesor moju spavaćicu, imao je ukusa. „Lepa curica, zakaj dudla prstić?" pitao me. Prst mu nije odgovorio.

Pre nego što je napustio scenu, otac je za kraj ostavio udarnu rolu. Sagao se, nežno privukao majčinu ruku usnama, spustio poljubac: cmook, pomilovao je okom, celu, kazao joj: „Bilo je veoma prijatno veče, moja draga!"

Dobio za tu, poslednju scenu, veliki aplauz, od profesora i od publike, moje majke. Dedin tekst: „Es war ein sehr angenehmer Abend, meine Liebe", preveo i iskoristio, uz gest, naravno, za poslednju scenu. Ništa sam nije izmislio.

Kad je moja majka ispratila goste, kad je zaključala vrata za njima i ušla u sobu, bila još uvek opčinjena predstavom. Glumac ostavio dubok trag u njoj. Dobra gluma, takođe. Nešto sinulo iz njenih očiju. Do tada bez boje, njene su oči, isto kao i bakine, kao i Verine, kao i Nadine, bile zelene. Dok su se očeve usne približavale njenoj ruci, dok ih je osećala na svojoj nadlanici, dok su je, glumljenom nežnošću doticale, zelena boja nadolazila, preplavila oči moje majke. Kad je legla u krevet, pored mene, bila je prava majka. Imala sam svoju majku sa zelenim očima, možda prvi. I jedini put, pored sebe.

Predstave, koje joj kasnije priređivao moj otac, bile su drugačije. Ovom, pred profesorom, kao jako dobrom publikom, moj otac osvojio moju majku, dobio je, do kraja. Ne da je voli, nego da je ne voli, što je njemu bilo mnogo potrebnije. Dobio je i mene, uz nju. Sa mnom nije nikad znao, šta.

Neposredno posle predstave u našoj crnoj trpezariji, neko pod prozorom zviznuo. Moja majka se presamitila preko ragastova. „Ti si!" kazala. Razmakla noge i hooop, raskoračila. Zakikotala se; „Ući će mi trrrrn" kazala.

„Još kako!" kazao glas pod prozorom.

Moja majka skočila s prozora, na ulicu. Zatim su se čuli koraci, dva krupna, teška, vojnička, četiri sitna, laka zarobljenička. Pa opet, dva krupna, četiri sitna: tupa tup, cup cup cup cup, tupa tup, cupa cupa cupa cup. Udarali krupni, tapkali sitni. Pa nestali. Sve se već, znalo.

U našoj crnoj trpezariji ostala tišina. Mrak, i ja. Rupa crnog kredenca počela da se kikoće: ki ki ki ki iiiiiii. Skupljala se, širila. Izvlačila iz kredenca, rastezala kao guma, skoro me dotakla gustim mrakom, kao blatom, kezila se. Spremala se, da me proguta.

Nisam umela da pobegnem pod jorgan, od straha sam zaboravila. Izvukla sam nogu iz pokrivača, lagano je spuštala niz krevet, dotakla tepih. Tepih mi pomilovao nogu; ne boj se, ludo! kazao. Moja noga čvrsto stala na daske poda, nije drhtala od straha. Kako hrabra noga! Ni nagoreo pod, tragovi lomače gde su nestajale mnoge knjige, kao veštice, nije uplašio moju nogu. „Sve se brzo zaboravi", objašnjavala baka, „ako voliš život!" Spustila sam i drugu nogu na pod. Ustala. Ispružila ruke, pipkala po mraku. Pošla sam, prema crnoj rupi kredenca, aždaji, da je savaladam. Ili da nestanem u njoj.

Kad sam dotakla crni kredenac, bio je miran. Leden. Nepomičan. Gladak. Uspravan. Superioran.

Čkiljnula sam na jedno oko, pogledala rupu. Rupa je blenula u mene. Podigla sam nogu, prebacila je preko glatke površine. Popela se na kredenac. Tvrda površina naredila: sad! Otisnula sam se: fijuuuu, zaplovila u nepoznato. Pravo do dna svog straha. Padala. Padala. Padala. Ništa nije moglo da uspori moj pad. Zidovi glatki, pohotljivi. Ćutljivi. Stigla sam do dna crne rupe. Gledala sam svet iznutra, a ipak nisam znala šta je to, osećala sam kako je sve već odavno dovršeno a nisam znala šta. Zatim sam pogledala napolje, u svet, u daljinu. Naša soba, crna trpezarija, ličila na drugu galaksiju. Kroz prozor, caklele se zvezde, treperile, kao oči moje bake, iz mraka. A iz rupe, kao iz sopstvene planete, virim ja. Sama. Jedina živa, u mraku vasione.

Najzad sam dotakla dno svog straha. Mrak me osetio, počeo i on da se igra sa mnom. Pripitomio me, nisam ga se više plašila. Mrak je bio dubok, ozbiljan, nije bio za amatere. Bio je za prave istraživače. I život bi lako progutao, kad bi došao do njega, takva je ala bio mrak.

Što sam više osećala mrak crne rupe, manje sam osećala strah. Što me mrak više pripitomljavao, manje sam pripadala: mojoj baki, mom dedi, našem dvorištu, golubovima.

„Kad otkriješ mrak, počinješ da pripadaš samom sebi", govorila je moja baka, ali je ja nisam razumela, „nikad ne žuri, mucili", zaustavljala me.

Izvukla sam se lagano iz crne rupe trpezarijskog kredenca. Udahnula vazduh naše sobe, planete zemlje. Kao da sam došla iz kosmosa, učinilo mi se, tako je put bio dalek i opasan.

Kako je život na zemlji lep, pomislila sam. Nisam se više plašila. Nestalo mog straha. Dok sam se s neba spuštala na našu planetu, dok sam silazila s crne površine ormana, na pod, oborila sam nekoliko zvezda. Kad sam sišla, videla sam, to nisu zvezde, to su bakini ukrasi.

Gugutke su gugutale: guuuuu guuuu gu. Na zemlju se spuštao novi dan.

Zatim sam legla u krevet, pokrila se preko gla..., ne! Nisam se pokrila preko glave! Pokrila sam se kao svi odrasli, koji su otkrili šta je mrak. Zaspala sam. Ujutru sam ispričala baki.

„Razbila sam tvoje skupocene ukrase, oprosti."

Baka je pokupila komadiće polomljenih predmeta, stavila ih na dlan, zagledala, zagledala.

„Svaki razbijeni komadić krije u sebi iskustvo čitave generacije", odmahnula rukom.

„Ali to je već sasvim druga priča", dodala. Dugo me je gledala, oči joj sijale, kao zvezde neke druge galaksije.

„Tako si daleko!" šapnula sam.

„A mogu da budem i sasvim blizu, zar ne, mucili?" pitala me. „Mnogi su i živi i zdravi, a pojma nemaju o čemu se radi."

Moram da priznam, ni ja pojma nisam imala, o čemu je to baka, s tolike tuge, govorila.

DEDINA BISTA NA MERMERNOM POSTOLJU

Utrčao u naše dvorište pas. Ni mali, ni veliki, ali dovoljan, da ujede. Stao uz kapiju, režao, pokazivao zube. Opet režao, gladno, sirotinjski, zatim počeo da laje, besno. Lajao, lajao, silnu larmu napravio. Kad mu pena pocurila niz gubicu, Vera kazala:

„Ko to kaže da pas koji laje ne ujeda! A ovaj ima još i klicu besnila u sebi, opasan je!"

Bilo je već kasno: baka stala nasuprot besnom psetu, već i zamahnula metlom na njega. Pas je mogao da skoči, da joj otkine parče mesa, da zarije zube u bakine kosti, da je zarazi na smrt. Kad je baka čula šta je Vera kazala, kad je primetila belu penu, metla se zustavila u vazduhu, baka se skamenila pored kapije. Verina šaka stala zgrčena, na gelenderu.

Pseto režalo, kezilo zube, pena se pretvorila u slinu, pas kružio, kružio, kružio oko bake. Baka se nije micala, postala je centar psećeg besnila. Pas još neko vreme jurcao u krug, pa izjurio kroz kapiju, iz našeg dvorišta. Vera skočila niz svih pet stepenika, zalupila kapiju, prišla baki:

„Mama..." tresla baku, „mama", pokušala da joj uzme metlu. „Metla bre, srasla s njenom rukom! Kako sve to brzo, kod nje!" kazala Vera, zavrtela glavom: „Ovako je držala i Davida, kad su hteli da ga odvedu", uhvatila baku i metlu, donela ih do hoklice: „Donesi šećera i vodu, sine, brzo!" kazala mi.

Ukočena baka, s metlom, ličila na vešticu iz Grimove bajke, onu što leti na metli. Veštici smo sipali vodu i šećer u usta. Kad je došla sebi, veštici ispala metla iz ruke, na dlanu joj ostala duboka, tamna mrlja. Trljala dlan o dlan.

„Uh, kakva napast", kazala, „zamalo da stradam."

„Znaš na šta si ličila?" pitala je Vera, „bolje da ne znaš!"

„Jeste se uplašile?" pogledala nas baka. „A ti, mucili?" pitala. „Jesi plakala za svojom bakom?"

„Jesam", kazala sam.

„Pokaži sine, kako si plakala?" zamolila Vera.

Podigla sam nos, skoro do neba, naborala ga, šmrkala, šmrkala, kazala plačnim glasom, glas mi bio veoma značajan kod plakanja kazala sam: „plačem, šmrk, šmrk, šmrk". Još uvek, nažalost, nisam umela da plačem, sem ovako, silom. Njih dve se smejale.

„Čula sam kako si režala na besno pseto!" kazala baka. Nije lagala, stvarno sam režala, „Ti si spasla svoju baku, pseto se uplašilo od tvog režanja, pa pobeglo!"

„Kako si režala, sine, nauči tvoju tetku da reži na svoje kavaljere!" zamolila Vera.

Zarežala sam: rrrrrrr rrrrrrr rrrrrrrr, kezila sam zube. Izgledala sam, zaista, vrlo opasno. Baka i Vera se opet smejale.

„Režiš, ne umeš da plačeš, ne voliš da se igraš sa devojčicama, ni sa lutkama, možda i nisi devojčica! A? Mucili! Ko si ti?" tajanstveno pitala moja baka.

„Ko sam ja?" ponovila sam za bakom, a iz mene, kao buket; „Aloooo, uuuuu, halooo, ej, pssst, kukuk, heeeej", rascvetalo se mnoštvo iznenadnih, nepoznatih glasova.

„Moraćeš da naučiš mnoge jezike, ne sme ništa da te zbuni", kazala baka. Opet nisam znala, o čemu to, sada govori.

U naše dvorište ušla dva čoveka.

„Došli da premerimo, drugarce!" kazao jedan i uhvatio se za kvaku glavnog ulaza.

Baka nije držala više metlu u rukama. Vera nije stajala oslonjena o gelender. Ni ja nisam režala. Bakine oči, oba zelena draga kamena, izletela iz svojih jabučica. Verina, takođe. U letu se dotakla, razmenjala informacije. Vera gledala pridošlice bakinim očima, baka, Verinim. Nije bilo razlike, oba para očiju bila zelene boje.

„Izvolite, druže, uđite!" kazala baka, a ono „rrr", skotrljalo se prema drugu, nije ga okrznulo, ali drug se trgao, odskočio.

„Šta je bilo?" pitala ga Vera.

Razrogačenim očima čovek posmatrao baku.

„Ovde kao da sam čuo nešto... ko da je prisutan ostatak okupatorskog ološa!" kazao čovek, bio je spreman, ako treba i da puca iz puške. Vera stala ispred bake.

„Jesi ti došao da vređaš il' da radiš svoj posao?"

„Izvini drugarce, mislio sam da je Švabo!" kazao čovek.

„Nisi pogrešio, moja majka je Nemica!"

„Vera!" tiho kazala baka i sela na stolicu, pored stepenika.

„Dobro, mama, dobro!" i Vera uvela ljude u kuću. Nek premeravaju. Baka okrenula lice suncu. Sunce je milovalo. Vetrić joj sklonio kosu sa čela, njene viseće minđuše zvecnule: cin ciin. Baka se nasmešila, zagledala se nekud, duboko, duboko, do dna našeg dvorišta, kroz šiblje jorgovana, kroz lišće jasmina, preko plota, kroz druga dvorišta, tiho kazala:

„Tamo je pobegao David, uspelo mu, hvala bogu!" I odahnula.

„Ko je to, David?" pitala sam.

Baka se slatko nasmejala. Iz njenog smeha, kao iz mora, izronilo Davidovo lice: loknice, dva tamna oka, malo duži nos, kao kod moje majke, nešto deblja donja usna, dečiji osmeh.

„Ko si ti?" upitala sam. Dobila sam odgovor: „Večnost", glas nisam prepoznala, čiji je.

Baka se slatko smejala. Čokoladu sa lešnicima zamenila bih za njen smeh, kolače sa kremom, marcipane. I puding od čokolade debele Lene, žene Joce obućara. Sve bih to dala za bakin smeh.

„Nemci tri dana držali kamion i stražu, pred našom kućom!" I opet se slatko smejala. „Pun kamion, cela SS trupa!"

Ušunjala sam se u kuću. Dva tipa se muvala po crnoj trpezariji.

„Jesi vido", kaz'o jedan. „Šta to?" pit'o drugi. „Da još ima okupatora u našoj zemlji!" i pljunuo na dasku poda. Na ispljuvak stao, razmazao nogom. Tepih se, od muke, presavio napola. Pozlilo mu. „Ja mislio da smo ih sve pobili, il' bar oterali u zarobljeništvo, majku im švapsku!" kazao.

Šmugnula sam pod klavir. Ljudi su premeravali. Jedan je pevao: „Evo mene, evo meneee, s planine se suko, ima l' neko, imal' nekoooo, da bi se potuko!"

„Jesi vido ovo?" pitao jedan, preko uglova vitrine, po pozlati, povukao prstom. „Vidi, molim te! Em okupatori, em buržuji i još ostali živi! Da mi neko prič'o, ne bi verov'o! Nismo mi to još iskorenili, druže moj!" I odlomi parče pozlate, stavi ga među zube, pa u džep. U trpezariju ušla moja majka.

„Šta to radite?" a nos joj se opustio, dotakao gornju usnu.

„Vidiš, drugarice", kazao jedan i odgledao je od glave, do pete „merimo! Rušimo ti kuću!"

Od tih reči, moja majka nestala. Njeno telo kazalo:

„Sve ste nam uzeli, sad nam i kuću rušite!"

Kako se čovek sladio majčinim jadom. Prvi put sam videla: reč može da bude kao čokolada sa lešnikom, kao kašika Leninog pudinga od čokolade, a može i više od toga: kao cela torta. Čoveku, od slasti, potekla pena iz usta. Hteo još jedan zalogaj majčinog jada, da se zasladi njim, da mu bude divno, kazao: „Šta će tebi ovolika kuća, drugarice! Zar si tako sebična, ti da uživaš a ja da ne uživam! Ti imaš sve, a ja nemam ništa! Zar te nije sramota!"

U sobu uletela Vera.

„Je l' tebe plaćaju da laješ, il' da radiš svoj posao, druže!"

Drug progutao poslednji zalogaj majčinog jada, okrenuo se zidu i nastavio da meri. A mojoj majci, koja je stajala nasred sobe, Vera kazala na uvo:

„Pizdo! Šta si ti zaradila, pa da ti uzimaju! Imaš fakultet i muža doktora, pa zaradite!" I povukla moju majku jako, vrlo jako, za kosu. Al' to niko nije video. Bujica počela da pravi veliko spremanje u duši moje majke, suze joj navrle na oči. Skinula sa glave svoju kapicu, pokrila lice, izletela iz sobe. Negde se zavukla, da plače.

Mora da je zgodno plakati, pomislila sam, al' treba i to znati. Izvukla sam se ispod klavira i hoop: stala na prvu stepenicu. Klavirsku stolicu. Zatim, hoop, na drugu stepenicu, zatvoreni poklopac klavijature. Pa dalje, hoop, na crno, široko i glatko, klavirsko polje. Na kraju tog polja, kao spomenik koji niko nije mogao da uništi, na mermernom postolju okrnjena nosa, stajala velika bista mog dede. Sela sam tik uz bistu, dobro smo se znale, bista i ja. Često smo šaputale, dogovarale se o svemu. Čovek koji se približavao ivici klavira, imao braon sandale s gumom, tri prsta u žuto-braon čarapi virila iz sandale, čarapa na žuto-braon štrafte nije bila pocepana. Bez ijedne rupice. Nova novcata.

Dotakla sam dedu, po čelu. Deda naslonio bradu o moj dlan. U uglovima dedinih usana bilo je mnogo radosti, čuo se bakin smeh. Linija dedine nozdrve mi rasekla prst, dedina se oštrina skupila baš tu, u liniji nozdrva. Dedine oči gledale daleko, verovale duboko. „Fani, večnosti moja!" govorio deka, kad je hteo da razveseli moju baku. Ili da je rastuži. A dedino čelo kao more, ogromno, kosa, kao talasi pri obali. Čitav moj deda nalazio se ispod svog visokog čela kao ispod mora, zaklonjen, čist, sačuvan od svega što pliva po površini.

U trenutku kad je braon sandala sa gumenim đonom zastala kod same ivice klavira, dedina bista se zaljuljala: ljuuulj, ljuuuulj, tras! Pravo čoveku na tri prsta, u prugasto žuto-braon čarapi. Jadni prsti, zavrištali: ispale im oči, tako ih zabolelo. Nisam znala, da prsti na nogama imaju oči. Pogledala sam dole, s klavira. Moj deka, koji ni mrava nije zgazio, gnječio je prste koji su premeravali našu crnu trpezariju. Ah, kako ih je gnječio, kao da su prsti bili krivi što je neko hteo da nam poruši kuću. Čovek je čučao. I ječao. Uletela Vera:

„Uh, mislila sam da ti se nešto desilo!" kazala, kad me je videla kako sedim na klaviru.

„Desilo se!" prošaputala sam, „ovom drugu!" Pokazala na druga.

Baka je donela rakiju, zajedno su mu oprale nogu. Vera je kazala: „Nokat na palcu vam naprsao! Plašim se da će morati da vam čupaju! Idite još danas kod hirurga!"

Čovek: „Jaoooo", zaječao. Uplašio se doktora. A nije se plašio da nam poruši kuću.

Kad su dva čoveka izišla kroz našu kapiju, jedan je ćopao. Bista, okrnjenog nosa, bila zakucana u pod. Pokušala sam da je pokrenem, da je vratim na mesto. Nisam mogla ni da je pokrenem. „Al' te neka silna snaga zaljuljala, kad si pala s klavira!" šaputala sam bisti. Nije odgovorila. Poznavala dobro tu snagu. Imala sam na sebi roze haljinicu „kao anđelak", divila se debela

Lena, žena Joce obućara, „tako je slatka u roze haljinici". Donji deo haljine imao rupice, sve po tri, kao buketić, a gornji deo bio je sasvim gust. Baka mi po njemu naheklala crveno-zelene cvetiće. Moja tetka Nada zakačila mi broš: tri patuljka, Smeška, Ljutka i Kijavka, da me čuvaju kad nekud odem. Jedan deo haljine, onaj donji, podmetnula sam pod dekinu bistu, pokušala da je podignem, pre nego što se baka i Vera vrate, da bude na mestu. Okrnjeni nos zakačio rupicu i: vrrrrrr. Od male, postala veelika rupa.

„Zar ti za danas nije dovoljno!" grdila sam dekinu bistu, „čoveku si pocepao čarapu, sad hoćeš i meni haljinu!"

„Ša to radiš, sine?" pitala Vera kad je ušla.

„Evo, svađam se sa ovim nevaljalkom!" kazala joj. „Kako je danas bezobrazan!"

„Šta mu je sve to trebalo, pitam se, da padne čoveku pravo na nogu!" kazala baka, a njene oči, veštičije, probijale se duboko, duboko kroz mene, kao da traže blago. I našle me. Opet su sve znale.

„Da", kratko sam kazala, „mogao je i mamin klavir da uništi, taj ludi deda!"

Baka pogledala Veru, tiho joj kazala:

„Kuk mal, die Kleine!"

I Vera me gledala. Kao da su njih dve sumnjale u mene.

„Pojma nemam zbog čega!" kazala sam. „Vas dve, veštice!" šapnula da me ne čuju.

„Der Teufel steckt in ihn."

Baka i Vera se dugo gledale. Šta li su pričale i na kom jeziku, nisam čula. Između njihovih očiju, majke i ćerke, napravio se svetleći trag, kao viseći most. Hop, skočila sam s klavira, uhvatila se za tu zelenu, čarobnu svetlost, kao za konopac, lagano sam klizila, kao Tarzan po lijani. Klizila, tako, klizila. Zemlju nisam doticala, ni tepih, ni drveni pod. Nisam ni znala, šta je bilo poda mnom. Zelena nit me spuštala u cvetne, radosne suncem obasjane livade.

„Hajde, mucili, vreme je!" kazala baka. Nisam pitala, za šta je vreme. Dovoljno što je baka to znala.

SVETI NIKOLA U CVIJIĆEVOJ

Čim sam se probudila, pogledala sam kroz prozor. Moje cipele, crvene s belom gumom, koje mi kupio deda, sijale od radosti. Od njihovog sjaja prosijalo i prozorsko staklo. Ustala sam iz kreveta, otvorila prvo okno, pružila ruku da uzmem cipelu: Neeeee! Vrisnula cipela. Dotakla sam drugu: Njaaaaam! Htela guma da me ugrize! Pusti meeeeeee, i ona vrištala. Po dasci, između dva prozora bilo je prašine, nekoliko debelih, osušenih muva bez krilca, mraza, vetra. A cipele odbijale da iziđu. Znala sam: htele za sebe da zadrže sve poklone što mi je doneo Sveti Nikola.

Kad se na suprotnoj strani ulice pojavio moj otac, cipele su same pobegle iz prozora, sakrile se u moj krevet.

Sveti Nikola mi ostavio poklon. Svake godine obećavao, doći će opet ako budem dobra. Nikad nije slagao: znači, bila sam dobra. Tri uobražene lutkice, gospođice, u zimskoj garderobi, sa krznenim kapama, mufovima, bundama, pošle na skijanje, na klizanje, na sankanje. Htela sam da se poigram s njima, one sa mnom nisu. Prošle pogledom kroz mene, okrenule glavu. U njihovom društvu, dobroćudni Sveti Nikola podigao prst. Možda ga vređala oholost, a možda je hteo nešto da kaže.

„I ti si kriv!" pomislila sam. „S kim si, onakav si!" odgrizla Svetom Nikoli glavu. I prst od čokolade se spustio, rastopio se. Gospođicama sam skinula bunde, kape od krzna, mufove, sve!

„Odelo ne čini čoveka!" povikale uglas, kao da su bile učenice moje majke.

„Mislite vi šta hoćete! Al' vam je učitelj bio pogrešan!" kazala sam i pobacala njihove bunde na gomilu, u magacin pod kevetom da ih kasnije podelim drugim lutkama, onim jadnim, željnim, sirotim i dobrim, što inače ništa nemaju. Samo čekaju, da im se udeli.

„Uostalom, sve je naše, zajedničko, ne može jedan da ima sve, a drugi da nema ništa!" kazala je moja prijateljica, doktorka Svetlana, kazao i čovek-drug, dok je premeravao pod u našoj crnoj trpezariji.

Tri pridošlice, bez toplih zimskih odela, usred zime, gole, opljačkane, prestale da budu gospođice, postale obične igračke u rukama jačeg igrača. Mene.

„Ko je baš mene izabrao da budem jača?" videla sam pitanje u očima mojih igračaka.

„Takva je igra, žao mi je! Sutra će već biti sve drugačije!" kazala sam zbunjenim lutkama.

Zvrrrrrrrr. Zazvonilo. Dolazio moj otac da me vodi kod njegove majke, moje nane, na ručak. Bila im slava.

„Jesi gotova, mucili?" pitala me baka.

„O, ja ich bin fertig!" kazala sam baki a moj otac zinuo od čuda. Baka je kazala: „Dete je spremno."

Kad smo izlazili, otac mi kazao: „Da te više nisam čuo da govoriš nemački! Treba da me brukaš po ulici!" Nećeš me uopšte čuti! pomislila sam iućutala. Padao je krupan sneg, otac išao ispred mene. Glavom doticao grane, grane se tresle, popadao sneg s njih, oslobodile se belog tereta. Otac se svaki čas okretao.

„Cakani, je l' možeš?" zapitkivao. Čitavim putem samo je nešto pitao: „Je l' ti hladno?"... ili, „da te tvoj tatica ponese"... ili „tvoja slatka nana jedva čeka da te vidi". Nisam odgovarala. Ćutala sam.

Kad smo bili blizu kuće, u Cvijićevoj, otac mi ispričao: „Tvoja slatka nana i ja... mi smo potpuno sami na svetu. Nas dvoje nemamo nikoga, je l' znaš, cakani! Budi dobra, prema njoj!"

Ja imam svoju baku i svog deku, pomislila sam, i baš me briga za tebe i tvoju slatku nanu. Nije mi bila slatka, ni ona, ni njen sin. Moj otac dalje pričao. Hteo da ugreje moje srce. „Od zime promrzlo!", sigurno je mislio. Nije znao, srce se zamrzne rečima. Ili se odledi, opet rečima.

A možda je nešto i naslućivao. Ali je izabrao pogrešne reči. „Sećaš se svog dedice Petra, cakani! Donosio ti bombone! A kad je bio tako mali, kao što si ti sada, pretrčao je pola Srbije, od Vranja, sve do Beograda. Terao ga strah, gonio turski korbač."

Otac je hteo da me zaplaši. Da od straha zavolim njegovu majku, moju slatku „nanu".

„Tvoj deda Petar je video, kako su Turci, dok su se povlačili natrag, za Tursku, njegovog oca i majku i svu braću na kolje nabili a kuću zapalili. Tako mali, pobegao u šumu, sakrio se iza drveta i sve je gledao, dok je kuća gorela, dok mu familija izdisala..." završio moj otac svoju užasnu bajku. Tako nešto, mogao je samo on da ispriča.

Kuća u Cvijićevoj ličila je na mog deku. Na uglu Cvijićeve i Zdravka Čelara, Dalmatinske i parkića, otvorena na sve četiri strane sveta, izložena svim vetrovima, bez straha, sama sebi zaklon, ničim drugim zaklonjena, obasjana suncem, pokrivena snegom, sa prozirnim staklenim balkonima, jedinim staklenim balkonima u „profesorskoj koloniji". Nijedna kuća, u tom kraju, nije prelamala sunce, kao dekina. Park je bleštao od svetlosti. Stakleni balkoni, u snežnom travnjaku, kao u ogledalu, stvarali su obrise dekinog lika. To niko nije mogao da mu oduzme. Jedino, nebo. Ako skloni sunce.

Očeva majka, moja nana, nije sedela na šamlici pred kućom. Bio je dubok sneg. Ušli smo kroz staklenu kapiju. Popeli se na svih pet mermernih stepenika i: zvrrrrr. Moj otac džin i ja. Ocu nisam bila ni do kolena. Moja majka mu bila jedva do ramena. A njegova majka, moja nana, e... boga mi... ona je znala čarobnu reč koja od džina napravi patuljka. Čim je otvorila vrata, kazala: „Ti si, sine..." Moj otac je počeo da se smanjuje, bio je sve manji i manji. Kad smo ušli u kuću, kad su se vrata zatvorila za nama, kad je nana prihvatila naše kapute, moj otac-džin, bio je pravi patuljak.

U njihovom stanu, naninom i očevom, kao da niko nije živeo, nijedna živa duša. Bilo sve uglancano, uštirkano, sjajno, čisto, belo, belo, belo. Mrtvo, opustošeno.

„U estetiku je Niče uveo pojam apolonskog i dionizijskog. Apolonsko predstavlja mrtvu, distanciranu, potpuno belu misao, udaljenu od života, a dionizijsko, misao koja znači radost, pokret, svih onih snaga koje vuku čoveka iz ukočenosti..." davila nas moja majka često. Srećom, niko je nije ni slušao, ni razumeo. „Šta ti radi ona tvoja učena majka što samo pametuje?" pitala nana i povukla zavesu da uđe malo svetlosti. Pitala, nečemu se radovala.

Iz prozora, u naninoj sobi, izvirila ljubičica: „Odvedi me odavde", zamolila, „tako je uvek dosadno, svaki dan sve isto, ništa se ne dešava. Ni sunce čak neće da uđe, kao da se ljuti i na mene."

„Povešću te kod moje bake", šapnula sam slatkoj maloj ljubičici. Njeni punački, nežni listovi, kao dečiji prstići, dotakli mi obraz.

„Jeste gladni, ti i ovo dete?" pitala nana mog oca. Pokušala u prolazu, „Uuuuh!", kazala, da me uštine za obraz, nije joj uspelo.

„Šta je, gospođice, nisam dovoljno fina za tebe!" kazala, popravila svilenu maramu koja joj skliznula s kose, na čelo. „Ja sam seljanka, nosim maramu, a ona Švabica iz Garašaninove, ona je gospođa!" Nana je mrzela moju baku.

„Zašto ovo dete ne govori?" viknula na mog oca. „Ako progovori nemački, šta ćemo onda, crni sine!"

Moj otac, patuljak, sakrio se iza velike šerpe. Čorba se pušila, patuljak se nije video. Spasao se besa moje nane.

Sveti Nikola, sa slike na zidu, strogo posmatrao nanu. Ona se prekrstila, kazala: „Prijatno!", umočila kašiku u čorbu. Moj otac navalio. Mljackao, srkao, udarao kašikom o dno tanjira. Udarao kašikom o sto. Uz čorbu, jeo mnogo hleba. Zadovoljno brektao.

„Niko na svetu ne kuva bolje od tebe, mama!" kazao.

„E, neka, neka! Samo da si ti meni živ i zdrav, a za ostale baš me briga!" i pogledala mene.

Što je više coktao moj otac, nana bila sve zadovoljnija. Lakše je disala. Njegovu glavu prislonila skoro uz svoje grudi. Htela i moju, već mi prišla sasvim blizu njena bela, uštirkana košulja, obrubljena čipkom. Al' me dugme, koje je ispadalo iz rupice, opomenulo: „Beži od nje, ona nije dobra!" Dugme bilo nežno, otmeno, sitno, a rupa velika, čvrsto opšivena krupnim bodovima konca.

„S kim živi ovo dete, kad je tako divlje?" pitala nana mog oca.

Kad je završio s ručkom, otac mi kazao: „Znaš, Cakani, koliko smo se nas dvoje namučili do danas, tvoja slatka nana i ja!" Opružio se pored furune, na krevet, a njegov glas ređao sliku do slike, na zidu male kuhinje, gledali smo film:

„Bitolj, 1915. godine, ljudi se haotično kreću po prašnjavim uličicama. Uvučena u sokak, mala kuća, jedva živa, nekoliko crepova ispalo iz krova, kuća se naslonila na stari orah. U jedinoj prostoriji, moja nana, veoma mlada. Kosa podignuta u punđu, sjajna, teška. Košulja bela, kao sneg, uštirkana, obrubljena čipkom. Nana pokušava da zakopča košulju. Al' jedno dugme, malo i nežno, ispada iz rupe. Pod stolom, igra se dete, nanin sin, moj otac. Igra se rata. Duuuudu du duf! Viče, vozi daskicu po podu, daskica udara o nogu stola, prevrće se. Dvorište prepuno cveća. Ulazi mlad vojnik. Zastaje, gleda po cveću, udahne, pa još jednom. Zatetura se, pomisli na... e, ne, pomisli na ljubav... pomisli, ko zna na šta sve pomisli, zaboravi za trenutak rat. Otvara vrata kućice, bez kucanja. Dočeka ga ledeni pogled dva nanina oka. Ustala mlada nana, s hoklice. Još dva dugmeta izletela iz velikih rupica, snežno bela uštirkana košulja obrubljena čipkom prošaputala: Hoću da dugmad ove uniforme pređu u rupice moje košulje! Nana vratila pramen kose u veliku sjajnu punđu, pročistila grlo, zakopčala svu dugmad na košulji, obratila se vojniku: 'Reci, momak!' Njegove cokule udarile jedna o drugu, ruka se podigla, kazao: 'Gospođo...' napravio pauzu, zatim: 'Vaš muž poslao kola po vas i po dete. Naša vojska se povlači, u Bitolj će uskoro stići Bugari i Nemci. Ako saznaju ko vam je muž, ubiće i vas i vašeg sina!' Spustio vojnik ruku, cokule se razdvojile, stao u stav 'namestuvoljno'. Nana prišla vojniku, isprsila se, dugmeta izletela iz svojih rupica, pramen ispao iz teške punđe, uštirkana košulja šušnula. Nana kazala: 'Nikud ne idem! Ostajem ovde!' Od njene blizine i smrt bi se sledila. Iz očiju mladog vojnika: kaaap! Nešto kanulo. Zaleđena strast, kao kuglica leda. Tada je u sobu ušao deda Petar. Visok, svetlih očiju, dugih brka. Nežne ruke. Kratkih prstiju. Njegova uniforma bila okićena ordenjem, kao da se spremao u paradu, a ne preko albanskih gudura. Kazao je: 'Spemi se i smesta polazi!' Nana se zanela, jedva primetno. Dete izišlo ispod stola, uhvatilo joj se za skut, kazala: 'Nikud ja ne idem!' Primakla se mužu, raširila noge, jedva primetno: 'Ovo malo sirotinje što sam dovukla iz Beograda, čak dovde, neću da ostavim!' 'Stvari nisu važnije od života!' jedva čujno kazao deda Petar. 'Ne ideeem!' zagrmela nana. Tada je deda Petar dotakao pušku, mladi vojnik pobegao kroz zatvorena vrata; 'Ubiću te ako ne pođeš', kazao deda. Podigao pušku, repetirao, zatvorio jedno oko. A kroz ono otvoreno, što je njime hteo da nišani, video kako na čistoj, uštirkanoj beloj košulji obrubljenoj čipkom nijedno dugme ne drhti. S leve i desne strane, uzdignuta, uspravna, ponosna, čvrsta kao dugmad na vojnikovoj bluzi pojavila se još dva, najuzbudljivija i najhladnija od svih. Tada je mršavi, mali dečak skočio majci u naručje, njegove se tanke ručice zavezale kao brodski konopci oko majčinog vrata, a njegovo sitno telo pomeralo od udaraca majčinog srca, zaklonilo majku, zaštitilo belu košulju, dečak je vikao: 'Ubi i mene, tata, ubi i mene ako ubiješ nju!' I dečakove ruke srasle o majčin vrat. Zavezao se za nju, za sva vremena. Tako čvrsto, večno. Ni metak ne bi mogao da razreši taj odnos.

Deda Petar spustio pušku. Izleteo napolje. Sapleo se o prečagu na kapiji, bile mu pune oči suza. Slepljeni tako, sami, nasred sobe, majka i sin se više nikada nisu rastajali."

„Mnogo godina posle toga", pričao je glas mog oca, „dobili smo pismo od francuskog Crvenog krsta, da je moj otac živ i da pozdravlja majku i mene!"

„E, sine, sine!" kazala je moja nana, mom ocu, uvukla pramen sede kose u maramu, zakopčala dugme na svojoj košulji i počela da vadi čaše iz kredenca, da sprema za goste.

Uskoro se čiviluk u hodniku napunio kaputima. Gosti su pristizali. Njihovi kaputi bili su veoma bučni, gurkali se, larmali, baljezgali, neki su već bili potpuno pijani. Iznapijali se po drugim slavama, grlili se, ljubili, izjavljivali jedno drugom večnu ljubav. Kuke čiviluka su stenjale od tolikog tereta. Jedan ženski kaput pokušao da zavuče svoje rukave u moju kosu. „Molim", okrenula sam se, „ovo nije mesto za tvoje ruke!", pomerila sam se. Ženski kaput se uvredio, pokušao da se nasloni na kaput mog oca, ovaj se izmakao, ostavio ženski kaput da visi, potpuno sam.

Kad se o čiviluk zakačio kaput mog dede Vece, svi kaputi se utišali, povukli u jedan kraj, zbili, gurkali, šaputali:

„Došao gazda!"

Kaputu mog dede Vece bilo krivo zbog takvog odnosa ostalih prema njemu, ućutao, povukao u sebe. Jedan moljac, što došao da mu gricka krzno na kragni, bio mu jedino društvo.

Kad je došao, moj deda Veca ušao u prvu sobu. U ovom stanu, postojala je prva soba i druga soba. I to je bilo sve, od soba. „Za Leposavinu pamet je dosta dve sobe", kazao moj deda i prepisao mojoj majci dvosoban stan, u Cvijićevoj ulici.

U prvoj sobi, po dužini i širini, dva ogromna mesingana kreveta. Na jednom, već dugo niko nije spavao. Beli pokrivač, uštirkan, sa čipkom, kao košulja moje nane, prebačen preko oba kreveta. Iznad kreveta, uramljena fotografija: deda Petar u uniformi, okićenoj ordenjem, stoji. Nana, kose dignute u punđu, u beloj košulji, sedi. Pored nane čuči u mornarskom odelu, moj otac-patuljčić. Ispod slike piše: Bitolj, 1915. godine. Na drugoj fotografiji, uokvirenoj u crni ram, lik srpskog vojnika sa šajkačom, deda Petar. Fotograf mu pojačao oči plavom bojom da budu dublje, duboke kao more. Kao da Srbija nije dovoljno duboka! Fotograf i usta nacrveneo i obraze takođe, pramenove kose pojačao olovkom ili tušem, da se bolje vide. Jedino osmeh i brke nije dirao. Nijedna reč nije dovoljno čista da opiše taj osmeh. A brkovi: pod tim deda Petrovim brkovima, bio, ceo Prvi rat, srpska vojska, oni izginuli i oni što su ostali živi, albanske planine, francuske lađe, miris dunja po hladnim sobama, rascvetali opanci uvezani kanapom, đački jauci, zvuk usne harmonike, ženska muka, vojničke trube, krv junaka, svilene bombone što ih donosio mojoj majci pod prozor porodilišta, kad je mene rodila.

Plamen sveće obasjavao deda Petrove brke. Moj deda Veca pogledao u plamen, pa u crno uokvirenu fotografiju na zidu, zatim se prekrstio, kazao:

„Večna slava, junače, nek ti se ovaj plamen nikad ne ugasi!" Deda Veca se prekrstio, uzeo kašičicu žita, iako ga je od žita boleo želudac.

A moja nana, dok je posluživala mog deda Vecu žitom, viknula: „Dođi sine, oće tast da ti čestita slavu!"

Kad se moj otac pojavio, deda mu kazao: „Daj negde da sednem, molim te!"

Kad je moj deda seo, njegov se štap unervozio. Udarao o ponjavicu na parketu: tupa tupa tupa tup. Ponjavica pobegla čak do vrata od kupatila. Zatim je deka pogledao na sat, pitao mog oca: „Gde ti je žena?"

Neka visoka žena, zabacila glavu, kosa joj poispadala iz teške velike punđe, s drugog kraja sobe učinila: kašljuc, kašljuc. Moj otac je pogledao, zatim dedu, slegao ramenima, nezainteresovano kazao: „Valjda će i ona doći."

Moja majka ovde nikom nije falila. Niko je nije ni čekao. Sem moj deka. I ja.

Lik srpskog vojnika sa šajkačom tužno pogledao mog deku. Možda je i njemu nedostajala moja majka. Ali sa fotografijama na zidu čovek nikad nije načisto.

Moj deda je tražio sodu bikarbonu, sekirao se. Izišla sam u hodnik. Kaputi su još ogovarali. Nijedan nije prišao kaputu mog deke. A dekin kaput, zadremao. Hrkao je: hrrr, hrrr, hrrr, kao da nije u gostima. Neki kaputi pevali, neki držali govore, neki se dosađivali. Kaput nekog Lukše, bio je pravi dripac. Postava iskrzana, jedva se držala za štof, uglavnom oko rukava. Kragna sva umašćena, beli se od peruti, i od sedih vlasi kose. Na spoljašnjoj strani grombi štofa, perca, slamčice, trunje. Nije ga bilo stid da takav dođe na slavu. Kaput nekog filozofa, Crnogorca, sav lep i čist spolja. A iznutra, majko moja, jadan, u ritama. Iz njegovih džepova, koji nisu imali dno, filozofija se pomešala s ostacima duvana, tramvajskim kartama, prljavom maramicom, sitninom u metalu. Kakav je to uobražen kaput bio, ponašao se kao da je ceo svet njegov.

Zvrrrr. Pa opet: zvrrrrr. Dugim korakom, preleteo je deda čitav stan, stvorio se kod ulaznih vrata. Njegova leptir mašna je podrhtavala, teget tačkice po njoj cvokotale. Pogledao deda na sat, otvorio vrata, pitao:

„Gde si dosad?"

„Tu sam!" uplašeno kazala moja majka i ušla u predsoblje.

Deda dreknuo: „Zar se sad dolazi na muževljevu slavu? Zar se tako čuva porodica? Zar se tako poštuje tradicija?"

Kaputi na čiviluku zadrhtali, ućutali, odjednom, moj deda:

„Puuu!" pa pljunu na pod, majka izmaknu svoju antilopsku cipelu. Skide svoj šešir sa čiviluka, skide kaput koji je zadremao, onako pospanom ugura mu ruke u rukave, uhvati za kvaku pa još jednom, s vrata: „Puuu!" Pljunu na prag. Dobro je gađao, nije promašio. U šta je ciljao, to je samo on znao.

„Jesam te ja udavao, jesam ti ja birao muža! Kad si ga izabrala, onda poštuj svoj sopstveni izbor!"

Još neko vreme, moj deda stajao u staklenoj kapiji svoje kuće u Cvijićevoj, posmatrao park pod snegom. Zatim pošao, lagano, uzbrdo. Njegov drug štap, tapkao nečujno, teško je koračao po dubokom pokrivaču, od leda i snega.

Kad je moj deda otišao, kad su se zatvorila ulazna vrata, kaputi su počeli da ismejavaju kaput moje majke, tek prispeo u novu sredinu. Kaput moje majke bio potpuno zbunjen, samo što nije glasno jecao. Najglasniji, najpakosniji bio ženski kaput, onaj što je pokušao da uvuče svoje namirisane rukave u moju kosu. Kaputi se kikotali, kikotali, od smeha popadali sa čiviluka. Neki su tako, na podu zaspali. Preko njih, zaspala sam i ja.

GARAŠANINOVA POSTAJE SVETOZARA MARKOVIĆA

Bila je mećava. Kovitlala, sve što joj se našlo na putu. Kape, šalove, glasove, pesmu, snežnu prašinu, šubare, šešire, zvižduke. Zavrtela nekoliko krugova oko čoveka na merdevinama, zamalo da ga sruši. Čovek silazio niz prečage, psovao. Sakupio dve gomile snega, utabao oko merdevina. Popeo se na najvišu prečagu. S naše kuće odvaljivao metalnu tablu s natpisom: *Garašaninova ulica.*

Svi smo bili iznenađeni ovim gestom. Znali smo ko je čovek s table, naučila nas istorija da ga volimo, moja majka čitala: „Ilija Garašanin, političar i državnik, rođen u Kragujevcu 1812. godine, umro u Beogradu 1871. godine, pohađao grčku školu u Zemunu, zatim nemačku školu u Orahovcu u Banatu, postao 1837. godine pukovnik srpske vojs..."

„Dosta, bre, s tim tvojim predavanjima!" prekinula Vera moju majku.

Metalna tabla kao da nije bila zaprepašćena. Tako, bar, izgledalo. Držala se hladno, ime na njoj pelcovalo je protiv straha od smrti, udahnulo večni duh. Naša kuća, posle toliko dugo zajedničkog života, urasla u tablu, pomešala se, postala živo meso kuće.

Čovek na merdevinama gurao je oštri alat u njihovo zajedničko meso, u njihove pore, sekao im kožu. Kuća je drhtala od bola, od straha, od žalosti. Tabla je pokušavala da umiri zid naše kuće, da mu pevuši, da priča, da ga zagovara, da zaboravi na bol.

Pričala tabla zidu, kako u životu mora da se odvaja bitno od nebitnog, svesno od nesvesnog, prolazno od neprolaznog, ozbiljno od neozbiljnog, delo od nedela, čovek od budale. „Između života i smrti nema velike razlike", kazala tabla, „samo što je život moćan a smrt nemoćna." Vetar je milovao tablu, ganut njenom mudrošću. Sneg pokrivao rane naše kuće da ne krvare, mećava davala anesteziju da umanji bol. Naša kuća, nikako da se onesvesti. Samo drhtala, prozori joj, kao zubi, cvokotali, zidovi se tresli.

„Isto je bilo ovako i četrdeset prve, kad je bomba pala na kuću", kazala baka i izišla na ulicu da vidi šta se dešava. Ogrnula crni šal.

„Šta to radite?" upitala čoveka na merdevinama.

„Menjamo svet!" kazao čovek. Baka ga nije baš najbolje razumela.

„Ovaj nije bio s nama u ratu, imao je pet godina vremena, od četrdeset prve do četrdeset pete, da nam se pridruži!"

„Ali ovo je prošlost, davna", prošaputala baka.

„Sve što je bilo ranije, ne priznajemo! Je l' ti jasno, drugarice!" skinuo metalnu tablu sa Garašaninovim imenom, pogledao je: „Loš neki kvalitet, domaći!" kazao i zavrljačio tablu u sneg.

Baka ušla u kuću. Ništa nije kazala, a htela: „Kakvi su to ljudi ovde, na Balkanu." Ime *Gara-*

šaninova izvirivalo ispod snega. Slovo „r" pokušavalo da se bori do kraja, izvlačilo tablu ispod snega, verovalo bez ostatka, nadalo se do poslednjeg trenutka, kao i moj deda, Veca. To „r", koje se opilo mirisom Leninog pudinga od čokolade, palo u nesvest od slasti, sada je, u blizini smrti, od jednog slova preraslo u misao. Možda moglo da postane i delo, da ga čovek s merdevina nije tako nonšalantno otkačio. Kao da i to jedno slovo, kao i celo ime na tabli, nije pripadalo našoj istoriji. „R" se pridiglo, poslednjom snagom, održalo svojim drugovima, slovima, posmrtni govor.

„Drugovi", kazalo slovo „r", „mi ubuduće ne smemo tako neodgovorno, neozbiljno da se odnosimo prema sopstvenoj istoriji. Hajde da razmislimo o tome, pre nego što postane kasno. Mi, gvozdena slova na kamenu, živo meso u istoriji, nismo postali večni od praznih reči, od glupavih fraza, izmišljajući ono što je nemoguće, mi smo verovali..."

Tada čovek šutnu metalnu tablu, pomeri svoje merdevine, nasloni ih na zid susedne kuće. Pope se uz sve prečage, poče da ukucava sasvim novu, čisto belu s crnim slovima: Svetozara Markovića ulica, pisalo je.

Dok je pričvršćivao uz zid, nova tabla se tresla, grcala u suzama, tiho govorila: „U ovoj zemlji na Balkanu, ni ludačka vera, ni junačka smrt, ni herojsko delo, ništa ne znače, sramota..." Sneg se topio od toplih suza, jedna ledenica, zamalo da iseče glavu čoveku koji je bio na merdevinama. „Sramota!" šaputala je tabla, „zar se tako vaspitavaju pokolenja, zar se tako poštuje stariji, jednoga dana će, verovatno, tako i samnom!"

„Stvaranje radničkog pokreta u Srbiji i širenje socijalističkih ideja vezano je za ime Svetozara Markovića. Prve radničke organizacije vezane su za njegovo ime... izvršio je istorijski uticaj na sve vidove svoga naroda, umro je veoma mlad 1875. godine", jednom nam svima, moja majka, držala predavanje iz istorije, kao po običaju, niko je nije slušao.

Naša kuća je još uvek drhtala. Osetila da joj neko izrekao smrtnu kaznu. Prvo joj oduzeo tablu, njeno ime i prezime. Potom, oduzeće joj bezimeni život, lako, nesmetano.

„Nešto što nema imena, ni prezimena, lakše se savija, brzo se slomije, bez otpora", dobro je znala tabla.

Tada je moja baka, čarobnica, podložila sve peći u kući. Umela da smiri i gvožđe i drvo i zid. Trpala drva i ugalj, novine i Nadine skice, kutije, daskice. Sve što joj se našlo pod rukom. Baka, koja je bila veoma štedljiva, ovoga puta nije štedela. Davala našoj kući narkozu, da lakše preživi smrt. Davala joj morfijum da ne oseti bol. U čitavoj kući, bilo pretoplo. Osećala se vatra.

„Večiti oganj..." strasno je šaputala baka i trpala gorivo u peći, „nikog ne može da mimoiđe!"

„Majko", vrisnula Vera, „šta to radiš? Hoćeš da svi izgorimo? Je li se to nacizam probudio i u tebi?"

Baka je pogledala, trgla se iz sna: „Možda sam preterala", kazala je. Uvukla se u Verine oči, molila za oproštaj.

„Potcenjuješ život, Mutti!" posle duge pauze kazala Vera.

„Suviše ga volim, sine moj..." šaputala baka pokajnički, kao dete, „osećam veliku strast, sine moj, veliku strast u ovim godinama!"

„Zašto onda spaljuješ na lomači svoju dušu?" grdila Vera moju baku.

„Da spasem vaše živote!" lagala je baka. Đavoli potonuli u oba njena oka, napustili počasnu stražu lomače, načas.

„Zar misliš da su naše duše slabije a naš život jači!" smejala se grohotom Vera, kao veštica, a čitava četa đavola zaigrala kolo oko nje. „Duf, duf, duf!" igrali krampusi svoj ples.

„Ne laži nas, majko, ako lažeš sebe!" kazala Vera, a kolo se vrtelo oko nje.

Baka je prestala da loži. Kuća je zaspala. To nije bio običan san. To je bila samrtnička koma.

Baka je otvorila vratnice svih ormana, izvukla sve fijoke, odvezala sve bale. Kućom zavladao haos.

„I Bog je stvorio svet", uzdahnula baka, „ali ne toliko puta, koliko sam se ja kućila!" kazala baka i svaku stvar koju je dodirivala, kao da imala tek prvi put u ruci, među prstima. Opipavala, opipavala, „Upoznajemo se, ili rastajemo, baš je svejedno", kazala, mekoću svilenih maramica sa monogramom. Toplotu krevetskih čaršava, perjane jastuke u koje se uvukla sva moja mašta, brdovite jorgane, donje rublje mog dede u koje se zavukle sve tajne ovog sveta, čipke, stolnjake, kombinezone od šarmeza, heklane rukavice od svilenog konca. Veliki kufer, ogladneo, zevao razjapljen, nasred sobe.

Kad je kufer nabrekao, sit, baka sela na njega, pokušala da ga uveže, kazala mi, prvi put na potpuno čistom, srpskom jeziku:

„Donesi svojoj baki malo šećera i vode, sine moj!"

Pošla sam prema kuhinji, a nisam mogla da napravim ni korak. Prošla sam kroz sve mračne hodnike a još sam uvek stajala pored bake, držala joj se o skut. Pardon, moje telo je ostalo vezano uz bakin skut, a moja duša krenula po šećer i vodu: „Ne odlazi nikad suviše daleko, tvoje telo je tvoja kuća", setila se, da je baka pokušala da mi objasni. Uskočila u svoje telo, pošla u kuhinju.

Prišla sam saksiji, to je bila jedina zemlja, koju sam mogla da dotaknem, da upitam nešto. Sve ostalo, bilo pod snegom. Čitavo naše dvorište i susedna dvorišta, nije se videlo ni parče zemlje, samo sneg i led. Dotakla sam zemlju ponovo. Ljubičica, koju sam uzela od nane iz Cvijićeve, radoznalo izvirila, uspravila tanak zeleni vratić. „Ti spavaj", kazala sam, „ovo parčence zemlje Srbije, u saksiji, hoću da pitam: šta si učinila mojoj baki, zemljo, kad je odjednom progovorila srpski, sve jezike zaboravila, samo joj Srbija lupila usijan pečat o čelo, kožu izgorela, pamet progorela." Bila sam spremna, i zemlju da uništim, da je više, takvu, ne gledam. Zemlja u saksiji zanemela, zgrčila se, osušila, osiromašila, ljubičica uvenula.

Kad sam donela baki šećer i vodu, kazala mi: „Hvala ti, sine moj!"

U tom jeziku nešto je kvrcnulo iznutra. Pokidalo se. Bio suv, uvenuo, hteo da se skljoka. Izbledeo češki detalj, i mađarski bezobrazluk, i nemačka preciznost, i srpska greška u padežu.

Ispred bakinog mračnog kreveta, tamnocrvene boje, po kome su bile izrezbarene raznorazne šare, baka izvukla citru. Crnu kutiju, lepog oblika, ženskog, na kojoj je bilo utisnuto: Dresden, 1900. Obrisala je kutiju mekom krpom, lagano otvorila poklopac da ne probudi citru naglo. Spavala dubokim snom. Prstima baka dotakla najtanje žice. Žice se u snu protegle, prepustile se bakinim prstima, lagano se, jedna po jedna, budile. Prepoznavale bakinu ruku, od ushićenja, zapevale. Zvuci su milovali bakine prste, a ne prsti, njih. Bakini prsti saopštili citri da nije vreme za veselje. Šaputali šta se dešava, sve. Kao što smo baka i ja šaputale. Citra je slušala. Za trenutak, zaćutala. Razmislila. A onda počela, prvo tiho, pa sve ozbiljnije, strože. Kao da se borila za bakinu dušu. Muziku istiskivala iz svog srca, pravo u bakino. Otvorila svoje vene i kapilare, davala baki transfuziju. Sve više i više krvi izlazilo iz citre. Čak su i slova: Dresden, i datum: 1900, ubledeli. A vene na bakinim rukama, dotad jedva vidljive, prazne, usahle, odjednom nadošle, nabujale kao reka posle obilnih kiša. Koža zamalo da popuca od siline venske bujice.

„Nemoj citro, tako silno", pokušala sam da šapnem instrumentu. Ali u njihov odnos, bakin i citrin, niko nije mogao da uđe, bio je zatvoren, poseban, čvrst. „Možeš ruku da joj odneseš, možeš nju celu da razneseš, svašta može da se desi!" šaputala sam citri. Uzaludno.

Citra je činila svoje, išla svojim putem koji je veoma dobro znala, ni mrkli mrak nije mogao da je zaustavi. Imala je svoj tok, ritam, imala svoje pauze, kao sudbina.

„Ali sve povezano, kao sinkope", kazala bi baka. Znala je ko je moja baka i sastav njene kr-

vi. Bakini prsti, nadlanica i čitava ruka, sve je to šumelo, penušalo se, valjalo. Vekovi se uznemirili. Samo je bakino lice bilo mirno, kao večnost. „Mora da je i David umeo da uhvati muvu u letu, i zuuum: da joj otkine krilca, mora da je video i šta je iza, mora da je osećao sinkope iako je bio mlad, čim je uspeo da ode u svet, iz našeg dvorišta", pomislila sam, dok sam gledala bakino lice.

Citra je skupljala priče, slike, sličice, trenutke, sekunde bakinog života i sve ih, redom, vraćala u bakino srce. A kad je sve, opet, ušlo, napunilo ceo krvotok, citra je zamukla. Njena muzika potonula u dubinu, u vreme, odakle je i došla, Dresden, 1900. opet je bilo čitljivo. Vratila se muzika u citru.

Bakin glasić, lirski sopran, nastavio je potpuno sam. Slikao je, ređao dalje raznim tehnikama: akvarel, ulje na platnu, obična olovka ili tuš, grafika. Glasić se ozbiljno igrao, nizao sliku do slike, po crnom kredencu, po vitrini, po zidovima, po klaviru, po trpezarijskom stolu. Čitava trpezarija bila je prepuna novih, divnih slika iz bakinog detinjstva. Živih slika u kojima su disale Mici i Liza, bakine sestre, dahtalo kuče bakinog oca Jakova, zaledilo se jezero pored Komotau, malog gradića gde je baka živela, graktao gavran zloslutno, mirisalo je na kiseli kupus sa kimom u kome su se krčkale jabuke da mu, kupusu, ublaže kiselinu, širio se miris kiselog testa s orasima, papagaji bakinog oca Jakova deklamovali iz velikog bambusovog kaveza: „Ich bin Peter, du bist Paul, ich bin fleissig, du bist faul". Siva ulica sa natpisom: Sonnen Strasse, na kraju ulice katedrala, kuće od cigala, šimšir, saksije s lulicama-

-zvončićima, po prozorima, ofarbane drvene stepenice po kojima ide bakin otac Jakov, osvetljena tabla, na tabli nebo, po nebu leti cepelin, među oblacima luft-balon, lađa na moru, voz na šinama, sve se to kreće po magičnoj tabli, svira raštimovani pijanino. Deda ide ulicama Komotau, zatim odlazi u ulice Dresdena, crne zastave sa belim krstovima, dedu pozdravljaju podizanjem desne ruke, moj deda dotiče svoj šešir, ne diže ruku, otpozdravlja, bakina kuzina Hana dobija batine od ljudi u uniformama, jedno zrno peska pada na dlan moje bake, Mihael, bakin momak šapuće, dok se klizaju po zaleđenom jezeru: „Sluchich gavrana?" Fani potvrđuje, čuje ga. „Ledy se co nevídet pohnou[1]", kaže Mihael, zatim se naginje, sasvim blizu bakinom licu, uvlači joj se u oči, nastavlja da šapuće svoje češke, ljubavne reči: „Jaka budech? Žena nebo divka, Tvym očim bude stale patnact... Vchude je poznam, v každe tme."[2]

Tada u crnu trpezariju ušao moj deda. Odmakao stolicu od stola, seo. Sve slike se zavukle u bakino i u moje srce. Na zidu ostali samo: Donski kozaci, Soročinski sajam, gravire Istambula, Herceg Novi, Kolesnikov.

Deda je kazao: „Fani, daj mi sodu bikarbonu!" I Fani mu dala. Nakrivljen šešir na dedinoj glavi nije se pomerio. I bele tačkice na dedinoj

---

[1] „Čuješ gavrana?"... „Led će uskoro krenuti.
[2] „Šta ćeš biti? Žena ili devojčica? Tvoje oči imaće uvek petnaest godina... Svuda ću ih prepoznati, u svakom mraku."

teget leptir-mašni nisu se pomerile. Bile sleđene. Oko ruba čaše trčao dedin jezik, skupljao preostali nakvašeni beo prah sode bikarbone, kao spas.

Baka je sela. Posmatrala dedu. Gledala ga. I gledala. Odjednom, moja baka, čarobnica, svojim zelenim očima, iskukičala zeleni svetlosni jastuk, veliki, primamljiv, površine trpezarijskog stola. Deda nije ništa kazao, pogledao samo moju baku, oko mu zasijalo, naslonio glavu na jastuk kao malo, nemoćno dete. Baka spustila obe ruke na zeleni svetlosni jastuk. Čime je bio napunjen, pitala sam se: Perjem, Ljubavlju, Bolom? Suzama? Vatrom? Životom?!! Kad je tako mekan, topao.

Njih dvoje, baka i deka, spojeni tako svetlosnim jastukom, razgovarali bez reči. Saznali smo šta se toga dana desilo mom deki: Deka je ušao u hodnik neke kancelarije. U hodniku su bila još tri čoveka. Uredno obučena, kao moj deka. Iz jednih vrata, činovnik uzviknuo ime mog dede, pozvao ga da uđe. Deda ušao u jedna vrata. U sobi, iza ogromnog, masivnog stola u duborezu, sedeo čovek s brčićima. Na čiviluku, okačen njegov novi zimski kaput. Nije ponudio mom dedi da sedne. Ostavio ga da stoji.

„Samo da potpišeš, druže, pa si slobodan", kazao i dotakao zadovoljno svoj štucovani brk.

„Mora da je brica, kad su mu brkovi ovako negovani", pomislio moj deda, „ko danas ima vremena i novca da ide svakoga dana kod berberina!"

Čovek je viknuo: „Požuri da otkucaš taj formular za vlasnika iz Cvijićeve", zatim mom dedi: „Možete da se predomislite, ako ne požurimo!" Čovek se sprdao sa mojim dekom.

„Možda ćete se vi predomisliti, pa ćete odbiti tako skup poklon", nasmejao se moj deda.

„A, mi se ne predomišljamo!" kazao čovek s brčićima, „svaka naša odluka je nepogrešiva, konačna, večnost!", i udario pesnicom o sto. Moj deda pogledao kroz prozor. Oslonio se o ram, niko ga i dalje nije nudio da sedne. I video, na ulici, jedan jadnik u pocepanom sakou, skupio se, zgurio, jedva se mrda od zime i mraza. Deda otvorio rozor: „Ej..." viknuo jadniku. „Čekaj", mahnuo rukom. Jadnik stao. Zatim je deda krupnim korakom došao do čiviluka, otkačio skoro sasvim nov zimski kaput. Čovek s brčićima otvorio usta „Aaaaaaa", zinuo, kao da je kod lekara.

„Šta to radiš, stari, jesi poludeo?"

Deda zamahnuo, bacio kaput kroz otvoren prozor. Pod prozorom, podignutih ruku, stao smrznuti jadnik, siromah bez kaputa. Rekao: nov mi kaput pada s neba.

U tom trenutku, dve nepogrešive, čelične šake, pouzdane kao večnost, zgrabile kaput, grubo gurnule mog dedu, kazale: „Ti si lud, bre! Ovo mi nov kaput!"

Moj deda kazao: „Ali onaj jadnik nema, a ti imaš, zašto mu ne pokloniš? Mlad si, zaradićeš drugi!"

„Ti si neko spadalo, stari! Ajde, ne sprdaj se sa mnom. Ti ne znaš ko sam ja!"

Zatvorio čovek sa štucovanim brčićima prozor, okačio na čiviluk svoj kaput, kazao: „Vidi ti njega, moj kaput da mi otmeš! Da daš drugom! A ja zaradio! Veliki si ti mangup!"

Moj deda seo. Iako ga niko nije ponudio.

„Kaput ili kuća na četiri sprata, zar to nije isto!" kazao glasno da ga čuje čovek s brčićima.

„Ajde, potpisuj ovde, ne pametuj mnogo!" Viknuo čovek i podmetnuo mom dedi papir, na potpis. „Je l' znaš šta si potpisao, da ne bude posle, mi ti oteli..."

Deda je kazao: „Ne znam!"

„E, da znaš! Poklonio si svoju kuću državi, svojom voljom, niko ti ništa nije ni oteo, ni oduzeo! Je l' jasno? Sad možeš da ideš!"

Deda je ustao, kad se uhvatio za kvaku, čovek s brčićima mu kazao: „Spadalo si ti veliko, stari, al' si simpatičan! Vidi ti njega... ha ha ha ha ha... hoće on moj kaput da baci nekom tamo, da pokloni jadniku... ha ha ha ha! Nek jadnik radi, nek zaradi, više će i mene da ceni!"

Zatim je čovek viknuo: „Sledeći!"

Moj deda izašao, šešir mu se nakrivio, tačkice na mašni zaledile od mraza. Nije svraćao ni u „Moskvu", ni u „Mali Pariz", ni u „Manjež". Došao je pravo kući.

Baka je kazala: „On tebi da kaže, stari! On! Pa ti izgledaš bolje od njega, sto puta! Koliku stomačinu ima, tako mlad!" Dedina glava klonula, na jastuku od svetlosti, a bakine oči, ta dva smaragda, rastresale svetlost da jastuk bude još mekši. „Ti izgledaš bolje od svakog mladića!" ponovila. Pomilovala umornu dušu mog deke. Šapnula: „Nismo više tako mladi, to je tačno, nemamo ništa, sve su nam uzeli, i to je tačno, nemamo penziju, nemamo od čega ni da živimo... ali živećemo, isto kao i dosad. Rasprodaćemo ovo malo što nam je ostalo, skupljaćemo papir, stari hleb, prosićemo ako treba, nije sramota. I živećemo dalje, kao da se ništa nije desilo."

Više kao molitvu nego kao običan govor, šaputala je dalje: „Samo nam, bože, daj zdravlja, ništa nam više ne treba, samo zdravlja i života!"

Dedin šešir je pao na sto, a tri ruže iz srebrne vaznice, koje je deda još sinoć doneo iz „Moskve", pokušale su nešto da kažu. Panično mahale nežnim laticama, od mahanja se polomile. Dotakla sam bakine prste, takvu hladnoću imao je kamen. Svetlosni jastuk još uvek svetlucao između bake i deke. Dotakla sam dedinu ruku, ista hladnoća, kamena. Viknula sam: „Vera, Veraaaa!"

Uletela Vera, „Mamaa!" Kazala. Baka se trgla, svetlost nestala. Dok su deku iznosili na nosilima, dva bolničara, kroz glavni ulaz naše kuće, deka je rukom mahnuo, Vera se sagla: „Skini mi prsten, sine", kazao i pružio ruku. Vera mu, s levog kažiprsta skinula veliki brilijant, naprso na sredini.

„Prodaj gu", kazao deda. „Da ne vidi Fani!"

„Neće, ne brini!" kazala Vera.

„Naprso je od bombardovanja, al' vredi!" dodao.

„Ne brini, kazala sam ti!" namignula dedi, spustila prsten u džep svoje kecelje.

Dok je Vera pomagala bolničarima da smeste dedu u kola hitne pomoći, izvukla sam veliki, naprso brilijant. U razlomljenoj polulopti, naša kuća, naprsla na polovini, krivila se na levu i desnu stranu. Prva cigla, iz naprslog zida, već je ležala na pločniku.

Vera me zagrlila. Kola hitne pomoći izgubila se niz ulicu. Baka zakoračila.

„Hajdemo u kuću, mama", kazala Vera, „Već je počela kiša!"

„Evo odmah ću, samo vi uđite!"
Ledena kiša padala je krupnim kapima. Bilo neko, drugo, vreme. Vera i ja ušle. Stale na prozor naše crne trpezarije. Videle smo, baka je stajala na pločniku, podigla obe ruke prema nebu. „Obračunava se s bogom, izgleda!" šapnula mi Vera, prvi put sam videla, Vera je plakala. Suze joj tekle niz lice, prave, vodene, mislila sam da ne ume da plače, kao ni ja.

Baka je nešto mrmljala i nas dve nismo čule te reči. Reči su odlazile pravo u nebo. Ravnom stazom, lepo se video njihov put. Baka i dalje mrmljala, to nije bilo ni na češkom, ni na nemačkom, ni na mađarskom, ni na srpskom. Bio to, neki, božiji govor.

A onda je viknula, sasvim jasno:
„Nek ti se ime zatre!"
Reči pocepale nebo, razdvojile ga svojom istinom. Nebo zasvetlelo, jedna munja, kao koplje Svetog Đorđa, poletela na moju baku, Vera pokrila oči, šapnula:
„Sagoreće, Bog će je ubiti, a nemačke bombe nisu mogle!"
Ali bakinu istinu ništa nije moglo da zaustavi, čak ni sam Bog. Bila je jača od njega.

Od munje, moja baka zasvetlela, postala potpuno prozirna. Vera i ja smo mogle da vidimo: bakino prošireno, „goveđe srce", kako je kazala moja majka, bubrege, pluća, jetru, creva, krvne sudove po čitavom telu, kao vode, po površini planete Zemlje.

„Moja baka je ljudsko biće", shvatila sam. Prvi put sam je videla tako golu, ispod kože. Bakine kosti, prepune straha kao koštane srži, iskričale su, plavičasto svetlucale, kao neonski stub. Držala se uspravno, hrabro. Ničega se nije plašila.

„Pokušaću da je uvedem u kuću", kazala je Vera. „Neće se ta nikada smiriti, jedino kad zaklopi oči!"

Kad baka zaspi, pomislila sam, neko mora da ostane budan, da dežura, umesto nje!

OPIS RASPADANJA STVARNOSTI

Dolazila nova godina. Birala gde će da uđe. Našu ulicu zaobišla, bez reči objašnjenja. Ulica ostala odsečena, tužna, zavejana, Bez ikog svog. Mi se u takvoj tišini selili.
Dvorišna kapija otvorila se kamionu koji je, kao siledžija, celu zakrčio. Ušao među njene raskrečene vratnice. Baka i Vera ubacivale kutije i sanduke, uvezane kanapom, u otvor kamiona. Kuća je bila ispražnjena. Ostao luster, u nekadašnjoj crnoj trpezariji. Utrčala sam u kuću da uzmem luster. Svetleo je, na podu. Sve tri kugle blještale. Kad me luster video, ugasio prvu kuglu. Nešto je krio. Kad sam se približila, ugasio drugu. Ali pre nego što je stigao da ugasi i treću, uspela sam da vidim: leptir-mašnu, teget na tačkice, žirado šešir, štap. I ruku mog dede Vece, kako mi maše. U trenutku kad je ugasio svetlost treće kugle, da sakrije tajnu, iz lustera ispala jedna tačkica. Pala mi na dlan. Nisam znala da li je to tačkica iz dekine leptir-mašne. Ili dekina suza.
Vera i baka podmetale leđa pod svaki sanduk koji je ulazio u kamion. Vozač promolio glavu kroz prozorčić svoje kabine, pitao:
„Ej, gospođe jeste gotove?"

„Utišaj muziku, momak!" zamolila ga Vera. Momak joj namignuo, da ne vidi baka.

„Za tebe, sestro, sve! Bogamiii..." Pa je odmerio od glave do pete, zastao na „zadnjici", što bi rekao moj otac, „Alal vera!" kazao.

Kad su utovarile sanduke i kutije, kamion upalio motor i: drrrrn drrrn, drrrn. Izvukao se iz kapije. Odahnula kapija: uuuuh! Sakupila vratnice. Baka pogledala na sat, vrisnula:

„Vera! Šta je s taksijem?"

„Je l' zna gde treba da dođe?" pitala praktična Vera.

„Naravno! Kazala sam jasno: Garašaninova 24!"

„Pobogu mama, pa ti si jebena u mozak!"

„Jesam", skoro plačući, kazala baka.

„Kako Garašaninova, kad je ovo Svetozara Markovića. To su sve došljaci, ne znaju ni gde je Knez Mihailova, kamoli koja je bivša Garašaninova!"

„Kome je trebao ovaj haos?" vrtela se baka kao zbunjeno kuče oko svog repa.

„Samo polako!" kazala Vera. Skupljala trunje iz bakine kratke crvenkaste bundice.

„Idi pozovi ponovo od debele Lene, a ja ću na ćošak, da čekam!" kazala baka.

„Ako naiđe neki slobodan, sedaj i idi!" kazala Vera, nije nikad bila sentimentalna.

„Mnogo sam zakasnila, prošlo je vreme za posetu, matori će da se ljuti." Baka izišla kroz kapiju.

„A ti, špiciko, ne mrdaj od ovih kutija, odmah se vraćam, jesi čula?" kazala mi Vera. Jesam, dobro sam čula.

Vera izašla iz dvorišta. Ja sam provirila kroz kapiju. Baka je trčala niz ulicu. Vetar joj skinuo šešir sa glave. Nije ni primetila. Odjednom, bakin se šešir našao u rukama naše bivše doktorke Svetlane. Stavila ga na glavu.

„Muciliii, kako si?" kezila se na mene, imitirala moju baku. Došla je da me zeza.

„Seliš se? Što mi je žaao! A tamo?" pokazala prstom u prozor koji je danima, mesecima ćutao.

„On će, jednog dana, da otvori sa mnom lekarsku ordinaciju! Ja ću mu biti jedini pacijent!" cerekala se doktorka Svetlana, cerekala tako silno, tako zadovoljno, kao da je dobila veliki paket iz Amerike, pun raznobojnih igračaka.

I dobila je! pomislila sam.

„Haa a a a ha ha!" otvarala je Svetlana usta i smejala mi se. U lice. Ali vetar! Prilepio joj šamarčinu: fijuuuuu! Uzeo joj bakin šešir s glave, dobacio ga meni.

„Aaaaaaaaaa!" isplezila mi se Svetlana, pa: Aaaaaaaaaaa, još jednom. Imala je, baš doktorski jezik.

Pogledala sam u dečakov prozor. Po staklu, mraz zaustavio proleće: pahuljice zamrzle igru, kad je bilo najlepše. Rascvetalo drvo jorgovana. Još nekoliko poteza i jasmin da oživi. Po zamrznutom staklu, izbledela, sivo-bela fotografija mog detinjstva. Moje promrzlo srce počelo da udara: taka taka, taka taka, usporeno. Pokušavalo da rastopi ledenu sliku mog detinjstva, uzalud.

Duvao je jak vetar. Čak se i kožna fotelja uplašila, raširila noge, da je vetar ne odnese. Trava koja je virila iz naprsle kože, kao creva iz otvorene rane, grčila se od hladnoće. Vetar u jednom trenutku uhvatio čitav busen, povukao nemilosrdno, iščupao utrobu fotelji.

„U prirodi nema milosti!" kazao jednom moj otac.

Fotelja jauknula, trznula se, noge joj zaklecale, pa se srušila, u sneg. A dve kartonske kutije uplašene ovom iznenadnom smrću, ispustile svoje poklopce, od straha. Poklopce, odmah, uhvatio vetar, pričao im, šaputao, matori zavodnik. Poklopci poleteli. Odleteli. Vetar je zatim, imao novo zadovoljstvo: uhvatio sadržaj prve kutije i zavrljačio ga preko svih krovova naše ulice. Ponašao se bahato, sve sebi dozvoljavao.

Na dnu kutije ostalo jedno pismo. Najduže se odupiralo vetru, očigledno, znalo da se bori. Pre nego što je i njega napast podigla u vazduh, šapnulo mi: „Predaj ovo nekoliko reči svojoj baki Fani, to joj David šalje." Pogledala sam reči. Zgrčile se. Sabile jedna uz drugu. Uplašile, biće zaboravljene. Rasporedila sam ih po svom dlanu. Bile su tople, nežne, lepe, prijateljske. Pozivale baku i njenu decu, u goste, uz reči, stisla se i poštanska marka na kojoj je bio nacrtan „kip slobode", tako mi majka jednom, objasnila. Dok je vetar nosio prazan koverat u nebo, reči su ostale na mom dlanu. Opet smo nekoga prevarili.

„I reč nosi život u sebi!" kazala bi moja baka.

Za praznom kovertom, krenula u vazduh povorka crno-belih fotografija. Kao šahovske figure, ređale se po snežnom, crno-belom nebu, kao po šahovskoj tabli, redom, jedna do druge. Posmrtna povorka crno-belih fotografija. Na čelu povorke, jahao moj deda na svom konju Miraklu, potomku iz čuvene ergele Age-kana. Mirakl, ponosan, visoko uzdignute glave, kao svaki pobednik, imao oko vrata lovorov venac. Deda očupao nekoliko listića lovora iz venca, bacio mi. Pali mi na dlan. Zatim su kaskala još dva dedina konja, Melisanda i Melanžer. Deda Jakov, bakin otac, nosio u bambusovoj krletki svog najbrbljivijeg papagaja. Mici i Liza, bakine sestre išle su za ocem. Mici nosila teglu slatka od šljiva sa bademom, a Liza, kartonsku kutiju za cipele punu vanilin-krancli, što im moja baka poslala 35-te godine, jer je kod njih, u Nemačkoj vladala glad. Liza grickala jednu vanilicu, toliko štedela, došla čak na nebo a još je imala za grickanje. Pradeda Dimitrije trčkao za svojim sinom Nikolom, dekinim ocem. Plašio se Dimitrije da mu sin Nikola, stari švaler, ne napravi glupost u ovako ozbiljnoj prilici. Nikola se gurkao, gurkao, pa se smestio između Mici i Lize. Zavirio u teglu sa slatkim od šljiva. „Nein!" kazala mu Mici i odmakla teglu. Moja baka, sa crnim šlajerom, išla na kraju. Lagano, nogu pred nogu. Nosila ogroman buket modrih, potpuno uvelih perunika. Miris tih tamnih, uvelih perunika obavio crno-belu povorku kao bezbojan oblak. Povorka ubrzala. Konji se uzbudili, raširili nozdrve, zarzali, pojurili, kao da jure za ždrebicama. Sve od mirisa perunika. Modrih i uvelih.

Po nebu, cepajući oblake, kružila crno-bela povorka. Izmrvljena prošlost, dokučiva kao zvezda na horizontu. Pahuljice letele haotično, zbunjeno. Gosti došli iznenada, nebo nije pospremilo svoj nered.

Krenula sam prema kućici u koju odavno niko nije ušao. Otkad je počela zima. Bila je udaljena, kao na drugoj planeti. Sneg je postajao sve dublji i dublji. Doticao jezik mojih crvenih cipela, zatim se popeo do crvene linije mojih dokolenica, zatim dotakao rub moje faltane suknje. Rub suknje ga opomenuo: ne! Ne dalje! Crvena linija dokolenica bila prva opomena. Što dublje, to drskije. Tako se ponašao sneg. Ulazio mi pod suknju, doticao unutrašnjost noge, lepio se. Razlomljena linija suknje nemoćno ostavljala trag: pokidani obruč po beloj površini.

Tek sada, prvi put, videla sam da je naše dvorište, u stvari, ceo svet. Okruglo, otvoreno na sve četiri strane. Ako pođeš na jedan kraj, drugi prestaje da se vidi. Horizont. Izgubiću se, pomislila sam. Naša kapija nestala. Naša kuća takođe nije postojala. Ni ulica. Prepoznala sam put kojim je David pobegao u svet. Da nisam mala, pošla bih tim putem. Moja kućica je bila još uvek strašno daleko. Kao da je trčala ispred mene. Ne poznajem ovaj kraj, hrabrila sam sebe, ali ću se već nekako snaći, šaputala sam. Moram da se snađem.

U magli je lagano iščezavao naš grad. Samo su se, visoko po nebu, svetlucali tragovi crno-bele povorke. Kad sam osetila dokle je došao sneg, postalo mi je hladno i oko srca. Obuzimao me je san. Od straha, od hladnoće, od užasa pred nepoznatim.

Okrenula sam se na sve četiri strane da vidim dokle sam došla. Gde sam. Ko sam. Ništa nisam videla. Samo maglu. Pogledala sam u nebo. Samo pahuljice. Ostala sam na jednom mestu, nisam umela ni koraka dalje.

Tada se san umešao, ušao u moju stvarnost. Nije joj dao da bude toliko strašna, da me uplaši, još uvek sam dete.

VARKA

Sneg je škripao pod našim nogama. Crno-bela povorka, s neba, spustila se na zemlju. Bila je duža, šira, jasnija. Ispred kapele, na Novom groblju, otac mi šapnuo:
„Umro ti je deda, cakani!"
„Nije", kazala sam. „On će da stane ispred svih ovih ljudi ovde, na svom konju Miraklu, videćeš, samo budi malo strpljiv!" Izvukla sam iz svog džepa nekoliko lovorovih listića, pokazala ocu. Ali on! Ništa nije shvatao! Vratila sam listiće, popadali po dnu džepa. Pomešali se lovorovi listići i reči Davidovog pisma, šaputali mi, zajedno: „Ne traži od drugog da vidi ono što ti vidiš!" Hrabrili me, očigledno.

Potražila sam moje tetke, moju majku, baku. Nisu bile među svetom pred kapelom. Potražila sam crveno-crne, grobljanske bube, da se zabavljam. Da ih gazim. Sakrile se, valjda, onako po dve, slepljene jedna uz drugu, pod grobove, da se ugreju.

Otac me uveo u kapelu. Drveni kovčeg zauzeo dosta mesta. Po kovčegu, sveže, modre perunike. Ruže, karanfili, božuri, borove grančice, oko sanduka, po crno-belim pločama kapele, kao po oblacima.

Baka je imala šlajer. Smrt mi se isplezila iz njenih očiju. „Moja baka je umrla", šapnula sam ocu. Opet ništa nije razumeo. Potražila sam oči moje majke, da mi objasne o čemu se radi. Bile su pune suza, zamagljene. A i da nisu, ona nikada ništa nije znala. Potražila sam Nadine oči, u njima bilo mnogo bola, nisam htela da je uznemiravam. Verine su bile zgrčene. Nije ih trebalo ništa pitati.

„Oh, mein Gott!" vrisnula sam. Sada sam stvarno sama na svetu. Zar je moguće, da moja baka čarobnica, nije u stanju da uhvati smrt za krilca kao muvu i da je: kkkkkkkrk, zgnječi.

Oko mene se još uvek šaputalo: umro Veca. Ti matori, nerazumni ljudi. Jedan kaže budalaštinu, a ostali je šire. Trebalo je spasavati baku, dok se još može, a deda je muško, nek se sam snalazi.

Kad je povorka krenula za sandukom, pošle su moja majka i moje dve tetke. Moja baka nije pošla, nju su poneli. Buketi perunika takođe. Svi pošli. Perunike nisu uvele, nisu ni mirisale. Bile su krotke, mirne i tihe. Mnogo mirnije, nego one iz nebeske povorke. I ne samo perunike nego i svi ostali. Izgleda da je na nebu bilo veselije, življe, stvarnije. Nego ovde, na groblju.

Ova crno-bela povorka, tiha, mrtvačka, ličila je na ružan san. Duga crna zmija, koja škripi i zastajkuje. I mnogo leptir-mašni. Nikad dotad nisam videla toliko leptir-mašni u Beogradu. „Kao pre rata", možda bi kazala moja baka. Leptir mašne podrhtavale, iz nekih ispadale tačkice. Zabadale se u sneg. Skupljala sam tačkicu, po tačkicu. Ostavljala u džep. Nek se nađe, zatrebaće.

Dešavalo se nešto veoma čudno. Niko nije disao, niko nije govorio, niko se nije mrdao. Ja sam pevala:

„Juče, prekjuče, rodilo se čifuče, plače, jauče, da gu kupim papuče. Plače, jauče, da gu kupim papuče..."

Leptir-mašne se pomerile kao leptiri, odleđenih krila, treperile, drhtale. Čuo se ljudski zvuk: neko zajecao. Tačkice iz leptir-mašni prestale da ispadaju.

Bakine oči osvetlile kad ih je pesma dotakla. Kosti joj se razdrmale, zasvetljene iskričavom, neonskom svetlošću, strah ih dotakao, smrt tresnula u sneg. Baka se okrenula. Najzad je oživela. Stavila svoj prstić na usta. Ja sam znala: treba da ućutim.

Kad smo pošli kući, crna zmija je ostala zaleđena, na groblju. Možda su čekali da se pojavi moj deda. Možda ga, ispraćali. Prolazili smo zavejanim ulicama. I nova godina prošla tuda, pre nas. Ostao trag za njom. Prošli smo i pored naše kuće u Garašaninovoj. Polovina već bila porušena. A u jednom podrumskom prozoru, s druge strane kuće, o jedan ekser, nešto se zakačilo. „Samo da vidim", kazala sam ocu i istrgla mu se iz ruke. Sagla sam se. To sam i mislila: lovorov venac dedinog konja Mirakla! Mora da se i tu provukao, venac je izgubio. A moj deda, vrag, nikad se nije ljutio kad neko nešto izgubi.

Otac me je doveo u Cvijićevu.

„Ovo je tvoja kuća", kazao.

„Molim?" Nisam ga sasvim jasno razumela. Razmestio jedan od mesinganih kreveta u prvoj sobi. Iznad kreveta, smešila se fotografija u crnom ramu: dugi brci, rumeni obrazi, širok osmeh, čitava Srbija, pod brcima, "a nisu blatnjavi, kako to?" pomislila sam. Pored kreveta, na okruglom stočiću, šustikla, nekad snežnobela, uštirkana. Sada je imala nekoliko fleka. Nova fotografija, u crnom ramu: opasne oči, punđa oko glave, bela košulja obrubljena čipkom i, jedno dugme koje je ispalo iz svoje rupice. Nepristojno dugme, u pristojnoj večnosti.

Pomerila sam fotografiju u novom, crnom okviru, okrenula zidu, ispod fotografije, bila najveća, najtamnija mrlja od crne kafe. U pepeljarici, pored slike, pikavac. Na njemu crveni trag ruža sa ženskih usana. Moja majka nikad ne maže usta, pomislila sam. I uzdahnula.

"Ovo je neka greška", kazala sam. Dotakla zlatnu knjižicu, koja mi je uvek bila tu, pod rukom. Na lančiću, oko vrata. Odškrinula sam prvi listić. I brzo zatvorila. Slatko sam se smejala. Moj deda, vrag, namigivao mi, sa prve strane zlatne knjižice. Otvorila sam drugi listić: listići lovorovog venca dedinog konja Mirakla, kojeg je najviše voleo, jer Mirakl je bio ludak, nisu mu ni sovjeti ništa mogli, nisu mogli da ga zadrže, mada su ga odveli. Mirakl je živeo da bi pobeđivao, trčao je sve trke i poneku gubio, ali poraz je za njega imao, ako je, naravno, bio veliki, isto značenje kao i pobeda. Mirakl je sa dedom išao i po kafanama, takva je to ljubav bila. Otišao sa njim i na nebo.

Lovorovi listići zauzeli mesto u zlatnoj knjižici. Tada sam zaspala. Dubokim snom. Kroz san, kao kroz naše dvorište, opet ću doći do svoje kuće. Vratiću se tamo gde mi je bilo najlepše.

SINKOPE

Ispala sam iz dugog sna. Htela da ulepšam deo svog života, da ga pretvorim u pauzu. U san.

Učionica muzičke škole „Mokranjac". Sedela sam na času solfeđa. Nastavnica nam objašnjavala sinkope. Najzad je došlo vreme i za njih. Udarala nastavnica rukom o klupu:
„Sin kopa otac ore, sin kopa otac ore!"
Mi ponavljali za njom, u horu:
„Sinko opa, otac oree."
Bilo je smeha, nije bilo nijedne sinkope. Zatim sam otišla na čas violine.
„Šta ste učili danas iz solfeđa?" pitao Simonuti, moj učitelj violine, mlad i lep.
„Sinkope", kazala.
„Ne sviraš ih kako treba", uzeo violinu, odsvirao. Volela sam muziku, toj me ljubavi naučila baka. Dok je svira moj učitelj, dok je svira bilo koji učitelj, dok je sviraju ostali. Zatvorila bih oči, sanjala. Život je zamoran bez pauze, bez sna.
„Hajde, sad ti!" kazao.
Podigla sam tročetvrtinsku violinu. Odsvirala.
„To nije to!" kazao, „znaš li šta si odsvirala?"
„Sinkopu", kazala sam.

„Ne, to nije sinkopa, rege, rege! Rege...!"
Pevao je novi ritam, zvučalo primamljivo! „Taj ritam još nije otkriven, biće tek, za koju godinu! Rege ritam sadrži u sebi pauzu, obaveznu pauzu!"

Pauza mi neophodna. Da udahnem, pa sve opet, od početka, život je dosadan i spor ako se ne žive i pauze.

„Ako život ne oživiš snom", kazala moja baka.

„To je moj ritam, baš taj, malo život, malo san!" rekla sam.

„Sinkopa nema pauzu, njen stvarni sadržaj je kontinuitet, dijalektika se umešala i u muziku, vladaju strogi zakoni!", pokušavala da objasni moja majka. „Spasavaj se ko može", pomislila i pobegla od nje.

„Muzika je, znači zanat!" čudila sam se.

„I jeste i nije!" smejao se moj učitelj. „Opet hoćeš da me zagovaraš, da prođe čas u priči a ne u vežbi!"

Rekla sam: „Da!"

„Svaki ton ima svoj dijalektički razvoj, svoj tok, svaki tok ima svoj sopstveni ritam, sinkope su radost života", vikala je moja majka, nije mi bilo lako da je razumem, a nisam se ni trudila. Ali kad bih pogledala Simonutija, bilo mi jasno. Osećao je sinkope. I muziku. Radost života bila je u pokretu njegovog gudala, u padu najmanjeg prsta dok je leteo s najtanje, *e* žice, na najdeblju *ge*, u bradi dok je dodirivala drveni podbradak, u srcu dok je muzikom budio sanjalice. Budio, ili još više uspavljivao.

„Hajde da probamo!" Podigla sam violinu. Ponovila ritam u sebi: lala a la. Sinkopa je promenila rečenicu: sin kopa, otac ore, postalo je: sinko opa, otac ore. Opet sam se uplašila. Čega? Promene. Svaka me promena plašila, čak i muzička.

„Ako pravilno osetiš ritam sinkope, umećeš da odsviraš svaku muziku", smejao se moj učitelj, osetio moj strah.

„Oživeću ritam sopstvenog bića", pomislila sam. Podigla violinu, prsti desne ruke ležali na gudalu, nisu se uzbudili. Prsti leve ruke, kao đaci na prvom školskom času, poređali se po žicama, bili su veoma uznemireni. Obe ruke moje, a tako različita osećanja u njima. Trebao im ritam sinkope da se usaglase. Vukla sam gudalo, svirala: lalaala.

„Ne, to nije sinkopa", kazao Simonuti.

Znala sam i sama.

„Opet sviraš rege, taj ritam još nije ni otkriven, gde si požurila, nije tvoje, da ga otkrivaš!" smejao se.

„U sinkopama je nedopustivo napraviti pauzu, to su zrela osećanja, ozbiljna! Prava životna radost, bez obzira šta ti se dešava, radost zbog života, razumeeš! Idi kući, vežbaj!" iznervirao se moj profesor. Gledala sam ga, zaista, kao pravo tele. Možda sam još mala za sinkopu, više mi pristaje rege da se igram. Ali šta, kad rege još ne postoji, pomislila sam.

„Ne otkrivaj pre vremena", govorila baka, „pokri to, nek se odmara, doći će red!"

Pre nego što sam zatvorila vrata učionice za sobom, upitala sam učitelja:

„Je l' to kao kad loviš muvu u letu: zuzuuzu!"

„Sve počinje tek kad je uhvatiš", smejao se moj učitelj.

„To onda nije to!" kazala sam i izašla u mračni hodnik. Silazila niz stepenice, od četvrtog sprata do prizemlja, stepenik po stepenik. Moja violina se zgražavala zbog crteža po zidu. Zid bio ogledalo dečijih snova. Po njemu svašta, sinkope nigde, nijedan crtež. Deca su pokušavala da dotaknu ritam, osećala pojedinačne udarce, crtala: dojke, raširene noge, penise, gole žene. Ali ritam sinkope nigde, ni od korova. Ni na jednom licu. Sva lica bila bezlična, nerođena.

Te tri note, dve s repom i jedna bez repa, u sredini, nisu mi dale mira.

Pošla sam... pa se vratila. U Cvijićevoj nije bilo ni života, ni radosti, ni sinkopa. Promenila sam pravac, silazila niz Knez Miloša, išla kod moje bake. U poslednje vreme, bila je .... Svuda je bila, a nigde je nije bilo. Još uvek je znala: da uhvati muvu u letu i: zuuum, da joj iščupa krilca, da se gađa srpskim padežima, da opsuje na mađarskom kao moj deka, nekada, da ubacuje bademe u slatko od šljiva, da uzdiše dok mekom krpom briše prašinu sa poklopca svoje citre, preko slova Dresden, preko broja 1900. Znala i da plače zelenim suzama, u ritmu sinkope. Njena tuga bila nekako vesela. Ostala je čarobnica. Moja baka sa crnim šlajerom, od kada je deka umro, nije ga skidala.

Jesen je hodala Ulicom Kneza Miloša, ispred mene. Išla uz mene. I iza mene. Zakupila celu ulicu. Kneza Miloša joj pripadalo. Kao da smo u Americi, kao da nismo u Jugoslaviji. Neko je imao ulicu u privatnoj svojini.

Kestenovi popadali po pločniku. Samo: tuup, padne, raspukne se. Svrši. Zelena lopta, bodljikava, razjapljena, pred smrt, pre nego što kesten ispadne, otkotrlja se niz pločnik. Živi poslednje trenutke jeseni, u Kneza Miloša. A čim ispadne kesten, čim se rodi, onako go golcat, zna sinkopu. Kotrlja se, tutuutu, tutuutu, tuuuuutuuuututu. Kad dotakne travnjak, stane. Dovrši ritam. Možda u travnjaku, sa svojim društvom, nastavi da svira rege, veselije je, neobaveznije.

Mora da je i David, dok je bežao u svet preko našeg dvorišta, zviždukao sinkopu, preskakao tarabe. Da je napravio pauzu, da je zakačio tarabu, da se spopleo i pao, ne bi ostao živ, pomislila sam, taj ritam je zaista veoma važan za život. Osim jeseni, još neko je išao za mnom. Koraci se, s kestenjem, kotrljali iza mojih leđa. Zatim stali. Tik, uz mene, disao uznemireno dečak okruglog lica. Iznad usnica još nijedna dlačica, za oštricu brijača, linija nosnica jedva ucrtana, nos prćast, jedva da ga ima, u dečakovim očima prerija, još uvek pretrčavaju kauboji i indijanci, beže preko asfalta, nije im tu mesto, znaju bolje od dečaka, ako ih neko primeti, ismejaće ih. I njih i dečaka, što ih dovde doveo.

Ali nešto, duboko iznutra, što nije bilo ni artikulisano, ni svesno, krenu iz dečakove duše, pretvori se u reči, strovali se na mene, kao kiša kestenova u bodljikavim zelenim oklopima. Kroz dečakov vrat, koji je, onako kratak, jedva uspevao da spoji telo s glavom, da ih drži zajedno, popela se tamna, neartikulisana gomila reči.

Kako li će da dobaci rečenicu do mene, pomislila sam, kad mu telo jedva dobacuje do sopstvene glave, tako mu kratak vrat! Čekala sam, da vidim šta hoće.

„Seko", kazao sasvim tiho, pa napravio pauzu. Malo sam se odmakla, korak nazad.

„Seko", ponovio je. Primakao, korak napred. Plave mašne koje mi majka vezala oko pletenica, ukočile se. Odvezale. Preda mnom nije više stajao dečak, nego mlada, krvoločna zverka, koja se uči lovu. Potrebna joj krv slabijeg, da sazna, koliko može. Moja tročetvrtinska violina u kutiji, zgrčena, stisla svoje četiri žice: zuuum. Sledile se žice od straha, popucale. Zverčica spustila obe šape na moja ramena, kazala:

„Sad ćemo ti i ja da se j....o!" Kazala zverka to kratko, zverski, „imperativom", kako bi rekla moja majka. Nozdrve mu se raširile, linije se usekle u meso, plave dlačice iznad usnica odjednom porasle, nakostrešile se. I dalje nisam mogla da odredim, koja vrsta zveri je ovaj čovek preda mnom. Odzvonilo je moje srce prvom notom sinkope, onom, s jednim repom. Zatim je dečak kazao:

„Ja ću da izvučem k...c, a ti ćeš, bez dreke i panike da mi daš p...u", znao je šta hoće.

Kad je kazao drugu rečenicu, moje srce udarilo drugu notu, bez repa, sinkopa započela nepogrešivim ritmom. Treća dečakova rečenica i, odzvonila treća, najvažnija, nota s repom. Moje srce udaralo ritmom sinkope. Udaralo, udaralo, udaralo. Ponavljalo da ne zaboravi šta je naučilo, da utvrdi. Note dobijale po pet repova, tako je daleko išlo moje srce. Ono presudno „a", kod sinkope, „lala a la", gde se lomi ritam, gde je „ključ dijalektike, gde prerasta kvantitet u kvalitet, gde revolucionarne snage..." pokušavala da dovrši rečenicu i da objasni moja majka, to „a", zaustavilo mi se u srcu, kao „tromb", što bi kazao moj otac, medicinski obrazovan. Ja sam prošaputala, sasvim na uvo, krvoločnoj zverčici:

„Hvala ti, mnogo ti hvala, naučio si me da osetim sinkopu!"

Dečak se ukočio, skinuo obe šape s mojih ramena, raširio oči, kauboji i indijanci se povlačili. Kazao je:

„Jes' ti malo luda?"

Tamnocrveni kesteni, svi u jedan glas zapevali: lala ala lala ala! Poljubila sam: cmooook, dečaka u obraz. Otkačio mi se kamen sa srca, pao traaas! dečaku na nogu.

Dečak se okrenuo u sekundi i trrrrrk. Zbrisao. Okrenula sam se, nije ga bilo na vidiku, „šta ga toliko uplašilo", čudila sam se. Izvirivao dečak, s jedne grane, na kestenu, pokazao mi: luda sam. Plezio mi jezik. Nisam mogla da utvrdim, koja to zverka, čučala u njemu.

Kad sam nastavila niz Ulicu Kneza Miloša, nešto mi: kvrrrrrrc, pocepalo oba džepa. Izvukla sam jednu ruku, pa drugu, pogledala. Moje ruke nisu bile ruke. Moji nokti nisu bili nokti. Imala sam šape, porasle mi kandže. Kandže, uništile džepove, ostale makarone.

„Ko još trpa kandže u džepove!" ljutila bi se baka da je videla šta sam uradila s novim kaputom.

Nisam ni primetila kad su mi porasle kandže, nisam opažala ni ko sam, ni koliko sam divlja, pre nego što me dečak napao. Imala sam čime da se borim, ali me zanelo saznanje, na borbu sam zaboravila. Saznanje i radost, otkrila sam osećaj sinkope.

Kad sam otvorila vrata bakinog novog, malog i mračnog stana, dvorišne zgrade belog solitera na uglu Birčaninove i Kneza Miloša, kazala sam:

„Bako, naučila sam sinkopu!"

„Zar već, mucili?" začudila se baka, „da nije malo rano?" Njene ruke mirno ležale na crnom trpezarijskom stolu. U poslednje vreme, sama, doterana, sedela za stolom. Čekala nešto. Crna trpezarija više nije bila crna trpezarija. Nameštaj se gurao oko bakinih i mojih nogu, udarale stolice jedna o drugu, svađale se oko mesta kao da su u prepunom autobusu, a trpezarijski kredenac stešnjen među dva zida, ječao kao noga u tesnoj cipeli, molio da ga baka pusti da ode u neku drugu veću sobu.

„Nek ide", govorila baka, „zašto da ga zadržavam kad mu ovde više nije mesto", otvarala vrata svog malog stana, njen nameštaj: roze fotelje, pisaći sto u duborezu, crna vitrina sa pozlatom, slike sa zida, Donski kozaci, Soročinski sajam, Kolesnikov, gravire Istambula, sve je to, grcajući, u suzama, danima odlazilo sa nepoznatim ljudima.

„Zbog čega nameštaj tako jeca, ako su to gospoda?" pitala sam baku.

„Možda ta gospoda neće umeti da ga cene, sine moj."

„Kao što si ga ti cenila i čuvala?" pitala sam baku.

„Ljudi misle da sve može da se promeni preko noći, a nameštaj zna, potrebno je mnogo, mnogo truda, dugo vremena!"

Iz bakina dva zelena oka, izletele dve suze, Zatim još dve, pa još. Naišla bujica.

„Želiš da me naučiš da plačem?" pitala sam, „zar ne, bako?"

Baka je priznala: „Vreme je, mucili!" Njene oči izgubile boju. „Ne boj se!" kazala, namignula mi, „nije tvoja baka izgubila moć, ako je izgubila pamet!" Pokazala, kroz prozor: žuto jesenje drvo, odjednom, svo ozelenelo. Boja iz bakinih očiju prosula se po izbledeloj krošnji. Pokušala sam da zaplačem.

„Ne umem!" očajno kazala.

„Danas ćeš i to savladati", bila je sigurna. Moja baka, čarobnica, uvek sam se divila njenoj sigurnosti.

Nit tanke zelene svetlosti, počela da kruži oko trpezarijskog stola, kao nekad, kad je dedu htela da umiri. Svetlost načinila krug oko moje glave.

„Ličićeš na svoju baku, pusili, nemoj ničeg da se plašiš!" šaputala baka. Njene oči bez boje, bez suza. Odjednom se snop zelene svetlosti zakači jednim krajem oko bakinog struka, a veliko svetleće klupko odvrte se, pojuri: trees, razbi prozorsko staklo, pa kroz prozor, kroz krošnju ozelenelog drveta, pokupi svoju zelenu energiju od lišća. Zasija klupko zelene svetlosti. Baka se trznula, glava joj pala na crni trpezarijski sto. Od sopstvenog bljeska sagorela.

„Dok je Veca bio živ, sve smo delili", govorila je baka. I toliku svetlost, pomislila sam, i to je delila s njim.

Snop svetlosti se sakrio iza niskog oblaka. Nešto je čekao. Zatim se čula tutnjava, snop se raširio, pritajeno zasijao, spremio na skok. Iz velikog, sivog oblaka promoli se: glava dedinog konja Mirakla. Mirakl se galopom približavao. Na konju, moj deda „tako lep, kao onda na Paliću, kad mi je ponudio ruku da iziđem iz belog tramvaja", kazala bi moja baka, ali nije videla. Zaspala je.

Nit zelene svetlosti, kao lovac, skočila na dedinog konja, obmotala mu se kao laso oko vrata, konj se propeo, zarzao, zastao. Usred velikog, sivog oblaka. Dedina leptir-mašna zadrhtala, dedin se šešir malo nakrivio. Tanka se nit zategla, cimnula baku. Moja baka, pravo kroz prozor, kroz krošnju jesenjeg drveta, odletela u nebo. Nije stigla ni da mahne. Pala na konja, do dede. Moj deda lupio Mirakla po bedru. Konj se propeo, zarzao, poleteo. A baka, čvrsto pričvršćena zelenom svetlosnom niti uz dedu i konja, kao najjačim konopom, nije mogla da padne. A to me brinulo: da padne s neba, ubila bi se na mestu.

Došla moja majka Leposava. Obe smo stale na prozor. Ona je plakala. Ja nisam. Ona je umela, ja nisam. Prozorsko staklo bilo polupano. U krošnji jesenjeg drveta, nešto svetlucalo. Vetar se sagao, dohvatio krošnju, privukao uz prozor. Među lišćem, dok je letela kroz granje prema nebu, zakačila se bakina slova, monogram, koji je nekada, davno, donela iz svog detinjstva. Slova „*f*" i „*sch*", pala su na moj dlan. Bakina mladost, smeštena u dva slova, kao u dva velika putna kofera. Slovo ili kofer, pomislila sam po ko zna koji put, ponovo, kuća na četiri sprata ili kaput, srce ili orman. Sasvim je svejedno. Važno je šta čovek oseća. I dva slova, nežno, da ostanu cela, položila na dno svog jedinog, najsigurnijeg ormana: svog srca.

Dugo smo stajale na prozoru moja majka i ja. Čak su i bakino telo odnela kola hitne pomoći.

Vera i Nada nisu stigle.

Već se smračilo. Pojavile se zvezde. Bilo je neko slavlje na nebu. Tako se svečano osvetlilo. Iz velike dubine, okićen kao za svadbu, pojavio se Mirakl. Sve bliže i bliže prozoru u mraku. Na konju, priljubljeni jedno uz drugo, jahali moj deda Veca i moja baka Fani. Bakine oči bile zatvorene, ili je bila uplašena, ili je uživala, ili se još uvek prilagođavala novoj stvarnosti. Iznad njihovih glava, bakine i dekine, zelenkasta svetlost, kružila. Čula sam: sinkope, samo su one mogle tako čvrsto da zatvore krug.

„Oreol", kazala moja majka.

Kad su proleteli pored malog neosvetljenog prozora bakinog novog smeštaja u Kneza Miloša, deka se sagao: hteo da vidi još jednom svoju decu, Veru i Nadu. Nažalost, samo je Leposava bila tu, tako nestvarna, kao da život i ne postoji.

„E, Leposava, Leposava, iluzijo moja najveća", govorio joj deda.

„Isprsi se, Leposava, iluzijo dedina!" kazala sam majci. „Nasmeši se, njih dvoje bi hteli da te vide!"

Moja majka, Leposava, poslušala me. Prvi put, u mraku prozora, učinila se lepa. Stvarnija od dedine Vere i dedine Nade, iluzija mog dede, najveća.

Kad sam izašla iz bakinog stana i pošla uzbrdo, Kneza Miloša, kesteni su spavali. Potrčaću, pomislila sam, da stignem na vreme, da mi se obraduje... *Ko?*

Kud god da krenem, shvatila sam, niko mi se istinski neće obradovati. I tada su suze, same od sebe, prvi put, iz mojih očiju otvorile sebi put, u svet.

Moja baka, čarobnica, sve je znala. Izgubila pamet, al' joj ostala moć. Videla unapred šta donosi novi dan. Znala, naučiću suze i sinkope za dvadeset četiri sata.

Zatvorila sam oči. Zaspaću, pomislila. Stvarnost ili san, tako je svejedno.

Samo da ne upadnem u san budale, setila se, i moj se deka toga najviše plašio.

Spavaću, dok me svetlost nekog novog sunca ne probudi. Tada ću zaplakati, jer znam da plačem. Zbog radosti povratka ili gorčine buđenja.

Volela bih da se probudim usred neke bajke ili usred našeg dvorišta, u Garašaninovoj.

Pre nego što sam zaspala, dotakla sam, na lančiću oko vrata, zlatnu knjižicu. Bila je tu: jedini dokaz da ipak postojim.

SADRŽAJ

Lenin puding od čokolade / 5
Eva / 17
Kompozicije Belog Ilića i interpretator
 Šopena pogorelićevskog tipa / 28
Zlatna knjižica / 38
Trojanski konj / 54
Pacijenti / 61
Udvaranje / 70
Moj otac igra ulogu / 78
Dedina bista na mermernom postolju / 89
Sveti Nikola u Cvijićevoj / 98
Garašaninova postaje Svetozara Markovića / 110
Opis raspadanja stvarnosti / 125
Varka / 131
Sinkope / 135

Vesna Janković
ZLATNA KNJIŽICA

Urednik
Jovan Janjić

Likovno-grafički urednik
Ratomir Dimitrijević

Lektor-korektor
Branka Stanisavljević

Izdavač
Izdavačko preduzeće „Prosveta" a.d.
u restrukturiranju
Beograd, Čika Ljubina 1

Za izdavača
Jovan Janjić, direktor

Štampa
GRAFOSTIL, Kragujevac

Tiraž
1.000 primeraka

2011.

ISBN 978-86-07-01930-4

CIP – Каталогизација у публикацији
Народна библиотека Србије, Београд

821.163.41-31

ЈАНКОВИЋ, Весна, 1947-
    Zlatna knjižica: / Vesna Janković. – 4. izd. – Beograd:
Prosveta, 2011 (Kragujevac: Grafostil). – 147 str.; 20 cm –
(Savremena proza 2011 / [Prosveta, Beograd])

Tiraž 1.000.

ISBN 978-86-07-01930-4
COBISS.SR-ID 186810892

www.ingramcontent.com/pod-product-compliance
Lightning Source LLC
Chambersburg PA
CBHW061657040426
42446CB00010B/1781